Matthias Mross

Das Geheimnis der Planeten

Johannes Kepler – sein Leben und Forschen

MATTHIAS MROSS

DAS GEHEIMNIS DER PLANETEN

Johannes Kepler – sein Leben und Forschen

Über den Autor

Matthias Mross, *geboren 1964 in Freiburg i. Br., ist verheiratet und hat eine Tochter. Nach seinem Studium (Medizin, Mathematik & Physik) war er Fabrikarbeiter, Kaufhausdetektiv, Versicherungsmathematiker und hat mehrere Jahre in Südfrankreich gelebt. Jetzt unterrichtet er an einem Gymnasium Mathematik.*

Matthias Mross
Das Geheimnis der Planeten
Johannes Kepler – sein Leben und Forschen

Best.-Nr. 271819
ISBN 978-3-86353-819-4
Christliche Verlagsgesellschaft Dillenburg

In Kooperation mit dem Verband evangelischer Bekenntnisschulen e. V. (VEBS)
www.vebs-online.de

2. Auflage 2024

www.cv-dillenburg.de

Satz und Umschlaggestaltung: Christliche Verlagsgesellschaft Dillenburg
Umschlagmotiv: © dreamstime.com/Ivona17 ,
© freepik.com/tartila

Druck: GGP Media GmbH, Pößneck
Printed in Germany

Wenn Sie Rechtschreib- oder Zeichensetzungsfehler entdeckt haben, können Sie uns gern kontaktieren: info@cv-dillenburg.de

INHALT

VORWORT

Warum Kepler?

In meinem Bücherregal stieß ich auf ein Bändchen mit Briefen von Johannes Kepler. Lange Zeit war es unbeachtet geblieben, jetzt hatte ich endlich Zeit dafür! Seite für Seite tauchte ich in die Gedankenwelt des großen Astronomen ein und war mehr und mehr begeistert. Ich besorgte mir weiterführende Literatur, unter anderem die klassische Kepler-Biografie von Max Caspar, machte mir eine Menge Notizen und begann, meinen Schülern aus Keplers Leben zu erzählen.

Johannes Kepler wird oft in einem Atemzug mit Galilei, Newton oder Einstein genannt. Wir sprechen vom Keplerschen Fernrohr, von den Keplerschen Gesetzen der Planetenbewegung, der Keplerschen Vermutung und der Keplerschen Fassregel. Unzählige Schulen und Sternwarten sind nach ihm benannt.

Seine wissenschaftlichen Höchstleistungen vollbrachte er in Zeiten schwerster Bedrängnis. Doch kein Schicksalsschlag konnte ihm den Lebensmut rauben. Er sehnte sich nach Schönheit und Harmonie, er kämpfte für Erkenntnis und Wahrheit. Obwohl er um seine Bedeutung wusste, wurde er nicht hochmütig. Kepler war ehrlich und freundlich; seinen Mitmenschen gegenüber verhielt er sich pflichtbewusst, stets bereit, seine ganze Person in die Waagschale zu werfen. Seine Forschungen betrieb er mit äußerster Leidenschaft.

Überdies war Kepler tiefgläubig. Sein Glaube war nicht nur frommes Anhängsel, sondern aufs Innigste mit seiner wissenschaftlichen Arbeit verbunden. Bei kaum einem Forscher bildeten Wissenschaft und Glaube an Gott eine derartige Einheit wie bei Kepler. Der Glaube war Ausgangspunkt und gleichzeitig Ziel seines Forschens. Kepler schöpfte die Zuversicht, mit der er die oft zermürbenden astronomischen Berechnungen durchführte, aus der Gewissheit, dass Gott hinter der Ordnung des Universums steht. Das Aufdecken dieser Ordnung war für ihn Priesterdienst.

Auf den folgenden Seiten möchte ich einige Stationen aus Keplers Werdegang skizzieren, möchte Höhepunkte aufleuchten lassen und den Leser zum Nachdenken darüber ermutigen. Das Außergewöhnliche an Keplers Leistungen wird im Vergleich mit damaligen Denkgewohnheiten besonders deutlich, weshalb einige Bemerkungen zum politischen und kulturellen Umfeld unumgänglich sind. Diese wurden jedoch möglichst kurz gehalten, und der Fokus wurde auf konkrete Begebenheiten gelegt.

Die einzelnen Kapitel können unabhängig voneinander gelesen werden. Sie eignen sich als Ergänzung für den Schulunterricht in Mathematik, Physik, Geschichte und Religion. Direkte Rede der handelnden Personen ist meist nachempfunden; sollte es sich um wörtliche Zitate handeln, kann man dies an der Kursivsetzung erkennen. Sie sind den im Anhang angeführten Werken entnommen.

Ich bin überzeugt, dass uns dieses ereignis- und ergebnisreiche Leben, obwohl es Jahrhunderte zurückliegt, eine Menge zu sagen hat. Insbesondere unser christlicher Glaube kann daraus neue Impulse empfangen. In diesem Sinne wünsche ich dem Leser Freude und Segen bei der Beschäftigung mit Johannes Kepler.

An dieser Stelle möchte ich mich bei meinen Schülern für ihr stetes Interesse an dem Thema bedanken. Euer Zuhören und Nachfragen hat mich ermutigt, daran weiterzuarbeiten! Ein herzliches Dankeschön auch an Sebastian Engelhardt für seine hilfreichen Ratschläge, an Frau Dr. Elena Frenkel für die fachliche Überprüfung des Manuskripts und an das Lektorat der CV Dillenburg für die professionelle Unterstützung.

Matthias Mross

AUS DEM LEBEN VON JOHANNES KEPLER

Der große Komet

„Nichts ist größer und erhabener als das Weltall.“ (Johannes Kepler)

Johannes Kepler kam zwei Monate zu früh auf die Welt. Er war ein schwächliches Kind mit blassem Gesicht und dünnen Armen und Beinen. Vierjährig erkrankte er an den Pocken. Während Johannes' Vater als Landsknecht in der spanischen Armee diente und Johannes' Mutter versuchte, ihn von dort zurückzuholen, mussten sich die Großeltern um den Jungen kümmern. Wochenlang lag er mit lebensbedrohlichem Fieber im Bett. Schließlich genas er, aber die Krankheit hinterließ eine starke Kurzsichtigkeit.

Das Haus der Großeltern stand in Weil der Stadt, einer hübschen schwäbischen Ortschaft, deren Einwohner zum großen Teil der katholischen Kirche angehörten. Obwohl sich Großvater Sebald zum lutherischen Glauben bekannte, hatte man ihn zum Bürgermeister gewählt. Er muss ein angesehener und tüchtiger Mann gewesen sein.

Als Johannes' Eltern aus dem Krieg zurückkamen, zogen sie mit ihrem Sohn von Weil-der-Stadt ins nahe gelegene Leonberg, wo sie ein Haus erworben hatten. Nach kurzer Zeit verkauften sie es wieder; der

Vater wollte im badischen Ellmendingen sein Glück als Gastwirt versuchen. Doch bald gab er diese Tätigkeit wieder auf, es ging zurück nach Leonberg. Es waren unruhige Jahre, und Johannes Kepler beschrieb später die Familienverhältnisse mit deutlichen Worten: „Der Großvater war stur und, wie sein rotes, fleischiges Gesicht ahnen ließ, jähzornig, die Großmutter lügnerisch und gehässig." Johannes' Vater hatte ähnliche Anlagen. Einmal saß er sogar wegen Schlägerei im Zuchthaus. Auch Johannes' Mutter war streitsüchtig, dazu umtriebig und schwatzhaft. Zu alledem hatte Johannes einen jüngeren Bruder, der an epileptischen Anfällen litt.

Im Hause Kepler ging es drunter und drüber, es wurde geschrien und gestritten, selten kam man zur Ruhe. Es waren wahrlich nicht die besten Voraussetzungen für eine wissenschaftliche Karriere!

Eines Abends, Johannes war gerade sechs Jahre alt, nahm ihn seine Mutter mit auf eine nahe gelegene Anhöhe. Etliche Menschen waren versammelt, die Blicke zum Himmel gerichtet. Dort stand ein außergewöhnlich heller „Stern" mit Schweif – der große Komet des Jahres 1577.

Abb. 1: Großer Komet des Jahres 1577

„Was soll nur daraus werden?“, fragte man sich. „Welche Katastrophe wird über uns hereinbrechen?“ Kometen galten als Unheilsboten; die Himmelserscheinung versetzte die Leute in Angst und Schrecken.

Johannes Keplers spätere Bemerkungen legen nahe, dass sie auf ihn ganz anders wirkte. Ihm war, als würde der Himmel einen Gruß in seine schwierigen Verhältnisse schicken. Der Anblick des Kometen ließ ihn ahnen, dass es mehr gab als Lärm und Ärger: Dinge, die höheren Gesetzen unterworfen sind, die majestätisch und unberührt vom irdischen Durcheinander ihre Bahn ziehen.

Dieser kurze Lichtblick verstärkte Johannes' Sehnsucht nach Schönheit und Harmonie. Er würde in Zukunft noch öfters zum Himmel blicken und ihn nach

Trostbotschaften absuchen. Somit war der Komet ein erster Anstoß zur Beschäftigung mit der Astronomie.

Ob ihn die Himmelserscheinung auch an Gott, den Schöpfer von Himmel und Erde, erinnerte? Johannes Kepler schrieb immer wieder, dass das Erforschen der Gestirne für ihn Gottesdienst gewesen sei. In einem Brief bekannte er: *„Nichts ist größer und erhabener als das Weltall ... Nichts ist kostbarer, nichts schöner als dieser strahlende Gottestempel."* Es ist anzunehmen, dass er dies schon damals auf unbestimmte Weise fühlte.

Als er die Anhöhe hinabging und sich zu Hause ins Bett legte, waren seine Gedanken noch immer bei dem gerade Erlebten.

Zwei Jahre darauf gab es ein anderes prägendes Ereignis. Der Vater führte den Jungen abends ins Freie und zeigte ihm die rot leuchtende Mondscheibe. Es war Johannes' erste Beobachtung einer Mondfinsternis. Gleichzeitig wurde daraus eine bleibende Erinnerung an seinen Vater, der, nachdem er ein zweites Mal in den Krieg gezogen war, nicht wieder heimkehrte.

Latein, Griechisch und Poesie

„Ich wollte Theologe werden." (Johannes Kepler)

Gerne wäre Johannes Kepler regelmäßig zur Schule gegangen. Doch besonders im Sommer musste er wochenlang seinen Eltern in der Landwirtschaft helfen. Deshalb brauchte er statt der üblichen drei Jahre ganze fünf, um die Grundschule zu absolvieren. Dann endlich, im Alter von zwölf Jahren, trat er nach bestandenem Landesexamen in die Internatsschule in Adelsberg ein, später ins evangelische Seminar Maulbronn.

Kepler hatte ein großes Ziel vor Augen: Er wollte Theologie studieren, um später als Pfarrer seiner lutherischen Kirche dienen zu können. Darauf wurde er jetzt gründlich vorbereitet, vor allem im Fach Latein. Schüler und Lehrer sprachen miteinander Lateinisch, man las die lateinische Bibel, Kepler verfasste Gedichte in dieser Sprache und beherrschte sie bald meisterhaft. Daneben gab es Griechischunterricht, und Kepler lernte, die griechischen Philosophen im Original zu lesen. Auf die Beschäftigung mit der deutschen Sprache wurde weniger Wert gelegt.

Johannes strengte sich sehr an; das Lob seiner Lehrer war ihm wichtig. Leider kam es immer wieder zu Streitigkeiten mit seinen Mitschülern, bei denen Johannes nicht sehr beliebt war. Regelmäßig wurde er Opfer von Scherzen und Sticheleien, an denen er selbst nicht ganz unschuldig war. Doch sobald er einen Fehler erkannte, legte er sich Bußübungen auf, etwa das Aufsagen von Predigten. Auch sonst bemühte sich Johannes um ein frommes Leben. Vor dem Schlafengehen sprach er stets ein Abendgebet, und wenn er es einmal vergaß, holte er es gleich am nächsten Morgen nach.

Nach erfolgreicher Beendigung der Schule ging Kepler ans Tübinger Stift, eine Einrichtung, in der später noch viele berühmte Leute wohnen und studieren würden. Hier war für alles gesorgt, und Kepler musste dank eines herzoglichen Stipendiums nichts dafür bezahlen. Er hatte ein Dach über dem Kopf, bekam zu essen und zu trinken, fand Kameraden, mit denen er über wissenschaftliche Dinge diskutieren konnte. Ein Studentenleben mit nächtelangen Feiern gab es allerdings nicht. Im Tübinger Stift herrschten Zucht und Ordnung; die Studenten wurden streng kontrolliert.

Doch das war Kepler gerade recht. Er konzentrierte sich ganz auf sein Studium. In den ersten Jahren waren Fächer darunter, die uns heutzutage fremd sind: Rhetorik, Dialektik und Ethik, daneben Griechisch, Hebräisch, Geometrie, Physik und Astronomie. Im Hauptstudium kamen Philosophie und Theologie dazu.

Einer seiner Professoren war der Astronom Michael Mästlin. Durch ihn hörte der junge Kepler zum ersten Mal von der Lehre des Kopernikus, gemäß der die Sonne den Mittelpunkt der Welt bildet, um den alle Planeten – auch die Erde – kreisen. Allerdings war Astronomie nur Nebensache, das wichtigste Fach blieb die Theologie.

Zu Beginn des Jahres 1594 ließen die Professoren der Universität Kepler zu sich rufen und teilten ihm mit, dass sie ihn für eine freigewordene Stelle empfohlen hätten. Kepler freute sich und war gespannt zu erfahren, in welcher Gemeinde er seinen Dienst beginnen würde. „Die Stelle ist an der evangelischen Stiftsschule in Graz“, sagten die Herren. „Dort wird ein Mathematiklehrer gesucht.“

Der junge Mann zog ein langes Gesicht. Mathematiklehrer? Er wollte doch Pfarrer werden und Gottes Wort verkündigen! Was sollte er in Graz? Das lag weit im Osten Österreichs, Hunderte von Kilometern von der

Heimat entfernt. Zugegeben, er war stets gut in Mathematik und der damit verwandten Astronomie gewesen, diese Fächer waren ihm leichtgefallen. Aber war das sein Weg?

Kepler zögerte. Er suchte Rat bei seinem Großvater, der ihn auch lieber auf der Kanzel gesehen hätte. „Aber was jetzt nicht ist, kann ja noch werden, und es ist sicher nicht klug, so ein Angebot auszuschlagen." Schweren Herzens nahm Kepler den Ruf an die Stiftsschule an.

Dieses „Ja" war von größter Bedeutung – nicht nur für Keplers eigenes Schicksal, sondern auch für das der Astronomie und der anderen Naturwissenschaften. Später, im Rückblick, gab Kepler zu, dass es die Stimme Gottes war, die ihn nach Graz gerufen hatte: *„Ich wollte Theologe werden; lange war ich in Unruhe. Nun aber seht, wie Gott durch mein Bemühen auch in der Astronomie gefeiert wird."*

Dass die Erforschung des Weltalls sein Lebenswerk werden würde, ahnte der 23-Jährige noch nicht. Er verabschiedete sich von seinen Verwandten, von Freunden und Professoren. Zur Begleichung der Reisekosten lieh er sich etwas Geld aus. Dann packte er seinen spärlichen Besitz ein, verließ das geliebte Tübingen und machte sich auf den Weg in die Fremde.

Unterwegs verloren

„Ich habe immer die Gepflogenheit eingehalten, zu loben, was nach meiner Ansicht andere gut, zu verwerfen, was sie schlecht gemacht haben." (Johannes Kepler)

Mit Pferd und Wagen und in Begleitung eines Verwandten zog Kepler über die Schwäbische Alb bis an die bayerische Grenze. Bei deren Übertritt verlor er ganze zehn Tage. In Bayern war nämlich bereits der 24. März, während in Württemberg noch der 13. war.

Grund dafür war die von Papst Gregor XIII durchgeführte Kalenderreform, die in vielen Ländern zu einer Ablösung des alten julianischen Kalenders geführt hatte. Um den Sinn dieser Reform zu verstehen, muss man wissen, dass das Sonnenjahr nicht genau 365 Tage beträgt, sondern knapp einen Vierteltag mehr. Zum Ausgleich gab es im julianischen Kalender die sogenannten Schaltjahre. Jedes vierte Jahr wurde ein zusätzlicher Tag eingeschaltet und so das Kalenderjahr mit dem Sonnenjahr in Übereinstimmung gebracht.

Aber nur ungefähr! Durch die Schaltjahre, die an und für sich eine recht raffinierte Erfindung waren, wurde ein klein wenig zu viel korrigiert, sodass sich der Kalender mittlerweile um ganze zehn Tage gegenüber der Sonne verschoben hatte. Der längste Tag war nun nicht mehr der 21., sondern der 10. Juni, die längste Nacht war vom 21. Dezember auf den 10. gerutscht, und auch die Tag- und Nachtgleichen waren nicht mehr da, wo sie hätten sein sollen. Wenn das so weiterging, würde man irgendwann Weihnachten im Frühling feiern! Deshalb hatte Papst Gregor – in Absprache mit seinen wissenschaftlichen Beratern – folgende Beschlüsse gefasst:

- Im Reformjahr werden zehn Tage ausgelassen. Das wird erreicht, indem man auf den 4. Oktober direkt den 15. Oktober folgen lässt.
- Jedes Jahr, das durch 4 teilbar ist, ist ein Schaltjahr, außer wenn das Jahr durch 100 teilbar ist. Diese Ausnahme gilt aber nicht für durch 400 teilbare Jahre – die sind auch Schaltjahre. Beispielsweise sind die Jahre 1700, 1800 und 1900 im julianischen Kalender Schaltjahre, im gregorianischen aber nicht, da sie durch 100 teilbar sind. 2000 dagegen ist auch im gregorianischen Kalender ein Schaltjahr, da diese Zahl durch 400 teilbar ist.

Durch diese Maßnahmen wurde die Zeitrechnung ins Lot gebracht, die Feiertage lagen wieder da, wo sie liegen sollten, es gab fast keine Abweichungen mehr zwischen Sonnen- und Kalenderjahr. Es waren vernünftige Maßnahmen, denen sich rasch viele Länder anschlossen.

Aber nicht alle! Die Protestanten, die sich bekanntlich nicht nach dem Papst richten, lehnten die Neuerungen ab. Wäre die Reform von Luther oder Melanchthon ausgegangen, hätten sie ihr wohl bedenkenlos zugestimmt, so aber zogen sie es vor, beim alten Kalender zu bleiben. Die Grenze zwischen dem protestantischen Württemberg und dem katholischen Bayern wurde damit auch Kalendergrenze, und wer sie passierte, übersprang ganze zehn Tage.

Obwohl Kepler überzeugter Lutheraner war, fand er das Verhalten der protestantischen Herrscher engstirnig. „Man muss doch nicht eine Sache verwerfen, nur weil sie von Katholiken kommt“, dachte er. „Mit dem Kalender muss ich ja nicht den ganzen Glauben übernehmen.“ Zeitlebens benutzte Kepler für seine Forschungen den gregorianischen Kalender. Die Protestanten aber hielten noch über hundert Jahre lang am julianischen Kalender fest.

Doch nicht nur in Kalenderfragen war Deutschland gespalten. In den vielen Ländern, aus denen es bestand, galten die unterschiedlichsten Gesetze; sie wurden von Fürsten regiert, die aneinander vorbeiredeten und sich spinnefeind waren. Noch manches Mal würden konfessionelle Konflikte in Keplers Leben eine Rolle spielen – und er sollte dabei weit mehr verlieren als ein paar Kalendertage.

Am 11. April 1594 kam Kepler in Graz an. Die über 600 Kilometer lange Reise hatte ihn erschöpft; er lag erst mal zwei Wochen krank im Bett. Als er wieder gesund war, stellte er sich den Inspektoren der Stiftsschule vor, auf die er einen guten Eindruck machte. Sie wiesen ihm ein Zimmer im Schulgebäude an und sagten: „Die ersten Monate sind als Probezeit gedacht, danach werden wir Euch mit fester Besoldung anstellen.“

Kepler war mit den Bedingungen einverstanden, gewillt, sich in alles zu fügen und sein Bestes zu geben. Allerdings wurde er schon bald von Heimweh geplagt. „Werde ich es in dieser fremden Stadt aushalten?“, fragte er sich. Er war überzeugt, dass er nicht lange in Graz bleiben, sondern in kurzer Zeit anderswo eine neue Stelle finden würde.

Erfüllte Prophezeiungen

„Dass der Himmel am Menschen etwas tut, ist deutlich genug erkennbar.“ (Johannes Kepler)

Am 1. Januar des Jahres 1595 standen die Türken vor den Toren Wiens, verwüsteten mit ihren Truppen das Umland und verbreiteten Angst und Schrecken. Wie ein Gottesgericht erschien dies den betroffenen Menschen. Im gleichen Jahr wurde Europa von einer außergewöhnlichen Kälte heimgesucht. Die Küsten Italiens waren vereist, der Rhein war zugefroren, in den Bergen starben Menschen und Vieh. Es wird berichtet, dass den Leuten, wenn sie von draußen nach Hause kamen und sich schnäuzten, die Nasen abfielen.

Diese Ereignisse verhalfen Johannes Kepler, der nun schon seit einigen Monaten in Graz lebte, zu allgemeiner Bekanntheit. Zu seinen Aufgaben gehörte nämlich das Erstellen von Kalendern, die Angaben über das Wetter, Ratschläge für Saat und Ernte und verschiedene mithilfe der Gestirne gemachte Voraussagen enthielten. Gleich in seinem ersten Kalender für das Jahr 1595 hatte er Türkeneinfall und Kälte prophezeit – und damit den Nagel auf den Kopf getroffen. Für diesen Erfolg bewilligte die Grazer Behörde ihrem jungen Mathematiker und Astronomen ein zusätzliches Honorar von 20 Gulden.

Astrologische Gutachten gehörten damals ganz selbstverständlich zur Arbeit eines Astronomen. Kepler würde in seinem Leben noch unzählige Horoskope und Geburtskarten erstellen, mehr als 800 davon sind erhalten. Und wenn er auch der landläufigen Astrologie kritisch gegenüberstand, sie sogar als *„schrecklichen Aberglauben"* und *„lästerliches Affenspiel"* bezeichnete, so war er doch überzeugt, dass kosmische Vorgänge das irdische Geschehen beeinflussen und den Charakter des Menschen prägen. Er schrieb: *„Dass der Himmel am Menschen etwas tut, sieht man klar genug, was er aber im Einzelnen tut, bleibt verborgen."* Darum empfahl Kepler seinen Kalenderlesern, sich nicht von astrologischen Voraussagen irremachen zu lassen, sondern mutig zu handeln: *„Wer sich nun mit gutem Rat, mit Volk, mit Waffen, mit Tapferkeit stärket, der bringt auch den Himmel auf seine Seite."*

Dennoch schrieb er jedes Jahr einen neuen Kalender. Wenn er es auch nicht immer so gut traf wie 1595, so lasen besonders Adlige und Geistliche der Steiermark gerne darin. Der Verkauf der Kalender wurde ein wichtiger Nebenverdienst Keplers, auf den er nicht verzichten konnte.[1]

Klammersätze

„Aus diesem Grund sind die Vorlesungen ermüdend oder auf jeden Fall verwirrend und nicht sehr verständlich." (Johannes Kepler)

---

1 Informationen zu Keplers zwiespältiger Haltung zur Astrologie und Hinweise zur Behandlung des Themas aus christlicher Sicht finden sich im Anhang.

War Kepler in seiner Lehrtätigkeit ebenso erfolgreich wie als Kalenderschreiber? Von einem guten Mathematiklehrer wird erwartet, dass er sich auf das Niveau seiner Schüler einstellt, ihnen den Lehrstoff in einfachen Worten vermittelt, seine Erklärungen gut strukturiert und die Schüler zum selbstständigen Lösen mathematischer Probleme führt.

Offensichtlich gelang dies Kepler nicht – und er gab dies in einer später verfassten Selbstcharakteristik offen zu. Wenn er unterrichtete, behandelte er seine Schüler, als ob sie denken könnten wie er und das gleiche Interesse für die Sache aufbrächten. So redete er eifrig drauflos, und während er einen Gedanken formulierte, kam ihm schon der nächste, den er auch weitergeben wollte. Mitten im Satz öffnete Kepler eine Klammer und fing an, von etwas anderem zu reden. Ja, die Ideen flogen ihm nur so zu, immer mehr Klammern wurden geöffnet, er wollte alles auf einmal sagen. Dabei redete er mit Inbrunst und oft viel zu schnell; er überstürzte und verhaspelte sich. Die Schüler, die vor ihm saßen, verstanden bald nichts mehr.

Nun war die Mathematik an der Grazer Stiftsschule kein Pflichtfach, man konnte sie freiwillig wählen oder auch sein lassen. So kam es, dass Kepler im ersten Jahr nur wenige Schüler hatte, im zweiten Jahr gar keine mehr.

Doch so sehr Kepler bereit war, die Schuld dafür auf sich zu nehmen – die Schulleitung suchte die Gründe woanders. „Mathematik ist eben ein schwieriges Fach“, sagte man, „und nicht jedermanns Sache. Wir können Kepler ja für andere Fächer einsetzen." Die Vorgesetzten hielten also zu ihrem jungen Lehrer, sahen nicht auf das, was er nicht konnte, sondern auf seine Vorzüge.

Kepler aber, der durch den Unterrichtsausfall viel freie Zeit hatte, nutzte diese zur Beschäftigung mit astronomischen Fragestellungen. „Vielleicht", dachte er, „kann ich etwas Neues entdecken und ein Buch darüber schreiben. Damit kann ich meinen Vorgesetzten zeigen, was in mir steckt, werde meine Stellung verbessern und mir in der Wissenschaft einen Namen machen."

Dazu musste er sich erst einmal in die Überlegungen anderer Wissenschaftler vertiefen. Er stöberte in der Bibliothek der Stiftsschule, und was ihm geeignet erschien, las er.

Auch begann er, sich eigene Bücher anzuschaffen. Bei der Lektüre versah er sie mit Anmerkungen. Er stellte Fragen, spann die Ideen der Autoren weiter, schwang sich immer höher hinauf in die Welt der Sterne und Planeten.

Das Weltgeheimnis

„Er schuf uns deswegen nach seinem Bilde, damit wir an seinen eigenen Gedanken Anteil bekämen."
(Johannes Kepler)

Die meisten Astronomen der Antike und des Mittelalters, besonders der berühmte Ptolemäus, vertraten ein Weltbild, das jeder leicht nachvollziehen kann, der eine Weile den Himmel beobachtet: Sonne, Mond, Sterne und Planeten bewegen sich um die ruhende Erde. Die Erde ist der Mittelpunkt des Universums.

Doch im Buch „Von den Umdrehungen" aus dem Jahr 1543 legte Domherr Nikolaus Kopernikus eine ganz andere Sichtweise dar: Zwar scheint es so, als würde die Sonne morgens aufgehen und am Himmel ihre Bahn ziehen, in Wirklichkeit aber steht sie still, während die Erde und die anderen Planeten sie umkreisen.

Dieses „kopernikanische Weltbild" war lange Zeit umstritten und wurde weder an Schulen noch an Universitäten unterrichtet. Nur eine kleine Schar von Gelehrten war überzeugt, dass sich damit die Welt viel besser erklären ließe. Zu ihnen gehörte auch der Mathematiklehrer und Astronom Johannes Kepler.

Doch Kepler begnügte sich nicht zu sagen: „Die Planeten kreisen um die Sonne." Er wollte wissen, wie und warum sie sich so bewegen: „Warum sind die Abstände zwischen Planeten und Sonne so, wie sie sind? Und warum sind es genau sechs Planeten – die fünf Planeten Merkur, Venus, Mars, Jupiter und Saturn, die wir am Himmel sehen, und die Erde? Warum ist es nicht einer mehr oder weniger?" Dass tatsächlich noch zahlreiche andere Planeten die Sonne umkreisen, ahnte damals niemand.

Für Kepler konnte all dies kein Zufall sein. Er war überzeugt, dass Gott die Welt auf eine schöne, harmonische Weise geschaffen hatte. Dabei maß Kepler der Geometrie eine besondere Rolle zu. Ihre Gesetze hatte Gott für sein Schöpferwerk benutzt, sie liegen in der

Natur verborgen, und wer sie herausfindet, denkt Gottes Gedanken nach.

Der junge Astronom zerbrach sich den Kopf. Inbrünstig betete er: „Herr, lass mich die Rätsel der Schöpfung aufdecken!“

Aus den Schriften der alten Griechen kannte er die fünf platonischen Körper, die hier mit ihren griechischen Namen abgebildet sind:

Abb. 2:

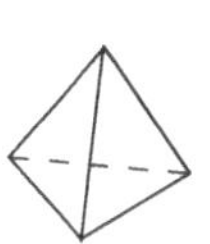
Tetraeder

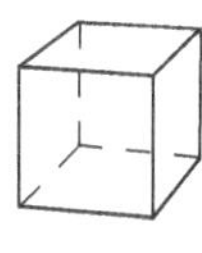
Hexaeder

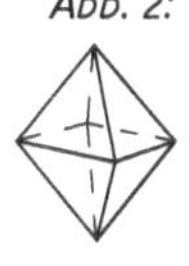
Oktaeder

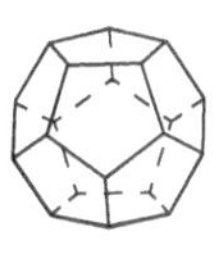
Dodekaeder

Ikosaeder

Auf Deutsch heißen sie: Vier-Flächner, Würfel, Acht-Flächner, Zwölf-Flächner und Zwanzig-Flächner.

Schon die Griechen wussten, dass es nur fünf solche vollkommen regelmäßigen Körper gibt. Es ist unmöglich, einen weiteren zu konstruieren.

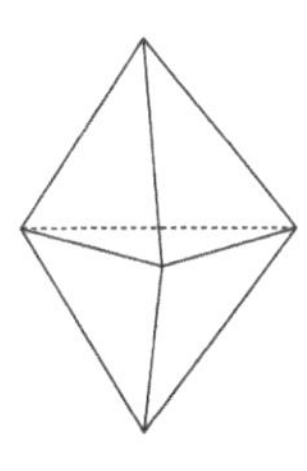
Abb. 3: Doppelpyramide

So mag diese doppelte Pyramide zwar recht geordnet aussehen, sie ist aber doch nicht vollkommen regelmäßig. In ihren Spitzen laufen jeweils drei Kanten zusammen, in den anderen Ecken dagegen vier. Bei den platonischen Körpern gibt es keine solche Unregelmäßigkeiten.

Kepler dachte: „Da Gottes Schöpfung vollkommen ist, werden die platonischen Körper eine Rolle in ihr spielen. Die 5 liegt schließlich nahe bei der 6 – fünf platonische Körper, sechs Planeten, das ist sicher kein Zufall! Was also haben Planeten und platonische Körper miteinander zu tun?"

Mitten in einer Unterrichtsstunde kam der Geistesblitz: Könnte es sein, dass es zwischen den Planeten unsichtbare platonische Körper gibt? Hat Gott die Kugeln der Planetenbahnen so bemessen, dass man sie in und um die platonischen Körper legen kann? Folgende Anordnung erschien Kepler vor seinem inneren Auge:

Zwischen Merkur und Venusbahn liegt ein Oktaeder, zwischen Venus- und Erdbahn ein Ikosaeder, zwischen Erd- und Marsbahn ein Dodekaeder, zwischen Mars- und Jupiterbahn ein Tetraeder und zwischen Jupiter- und Saturnbahn ein Würfel.

Kepler jubelte über diese Erkenntnis; Tränen traten in seine Augen. Das also war das Weltgeheimnis! Gott hatte es ihn in seiner Gnade finden lassen.

Natürlich musste alles noch überprüft werden. Kepler stürzte sich, unter Verwendung der Zahlen des Kopernikus, in komplizierte Berechnungen. Immer wieder tauchten Abweichungen zwischen Theorie und Wirklichkeit auf, und manches Mal war Kepler nahe daran aufzugeben. Doch dann, nach wochenlangen Anstrengungen, stand fest, dass er recht hatte. So und nur so waren die Planetenbahnen zu verstehen! Nun endlich wusste man, warum es sechs Planeten gibt, und warum sie in genau diesen Abständen um die Sonne kreisen.

Ergriffen betete Kepler zu Gott: *„Ich aber suche die Spur deines Geistes draußen im Weltall, schaue verzückt* *die Pracht des mächtigen Himmelsgebäudes, dieses kunstvolle Werk, deiner Allmacht herrliche Wunder.“*

Kepler veröffentlichte seine Entdeckungen in einem Buch, das er an die bedeutendsten Wissenschaftler seiner Zeit schickte – unter anderem an den kaiserlichen Mathematiker und Astronomen Tycho de Brahe in Prag und den Physiker Galileo Galilei in Italien. Viele äußerten sich positiv, manch einer begeistert – Keplers Ruf als Gelehrter war gefestigt! Um sein System auch am Stuttgarter Fürstenhof bekannt zu machen, plante er ein Modell in Form eines kostbaren Metallbechers, der die Verschachtelung von Planetenbahnen und platonischen Körpern zeigen sollte.

Leider wurde dieses Vorhaben nie zu Ende gebracht. Nur eine Abbildung in Keplers Buch gibt eine Vorstellung davon, wie das Ganze gedacht war.

Wie gesagt, Kepler konnte damals von Uranus und Neptun, von Pluto und den anderen Kleinstplaneten nichts wissen. Es gab noch kein Fernrohr; Kepler ahnte nicht, dass er selbst einmal so ein Instrument erfinden würde. Seit der Antike beobachtete man nur fünf Planeten am Himmel, dazu kam die Erde als sechster Planet. Darüber hinaus konnte man sich nichts vorstellen. Kein Wunder also, dass

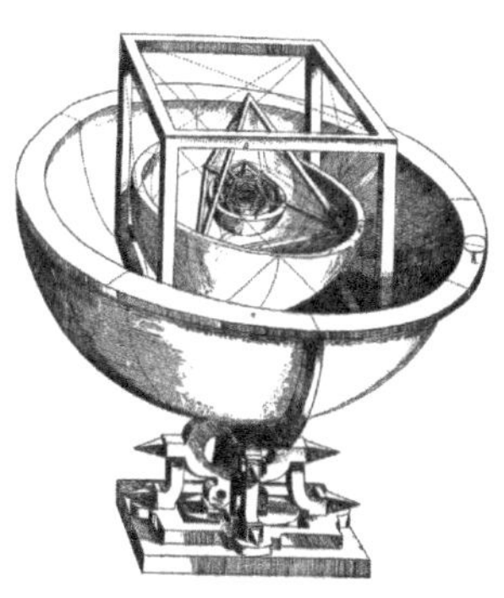

Abb. 4: Keplers Planetensystem

sich Kepler Gedanken machte, die einem heutigen Wissenschaftler naiv vorkommen.

Doch in mancher Hinsicht waren diese Gedanken sehr fortschrittlich. Bisher hatte man sich damit begnügt festzustellen, dass es genau sechs Planeten gab – Kepler dagegen suchte nach Gründen. Warum ist etwas so, wie es ist? Gibt es eine mathematische Erklärung? Das sind ziemlich moderne Fragen, und für Kepler schlossen sie die Frage nach Gott mit ein: Was war sein Plan bei der Erschaffung der Himmelskörper? Wie hat er sich die Welt gedacht? Auch wenn die Sechs-Planeten-Theorie des jungen Astronomen eine vorläufige war und in der heutigen Astronomie keine Rolle mehr spielt, so war sie doch ein bewundernswerter Versuch, dem bald andere folgen würden. Im Laufe seines Lebens würde er noch manche Frage stellen und in mühevoller Arbeit Antworten finden, die zu einer neuen Wissenschaft führten.

Die Müllerstochter

„Wenn mir aber Gott ein längeres Leben schenkt, so ist es sicher, dass ich mit dem hiesigen Ort verbunden und verkettet bin." (Johannes Kepler)

Die 16-jährige Barbara hatte einen Tischler geheiratet, der 40 Jahre älter war als sie. Die Ehe war nur von kurzer Dauer. Nach zwei Jahren starb der Mann, und Barbara vermählte sich mit einem Bauzahlmeister. Auch dieser war nicht mehr der Jüngste und starb bald, sodass Barbara mit 23 Jahren bereits zweifache Witwe war.

Johannes Kepler wurde auf die schöne, junge Frau aufmerksam. Wäre es nicht so langsam an der Zeit, in den Stand der Ehe zu treten und eine Familie zu gründen? Wäre es vielleicht möglich, um Barbaras Hand anzuhalten? Ja, Kepler fing Feuer – und seine Freunde machten ihm Mut zu dieser guten Partie. Sie zogen los, um bei Barbaras Vater ein gutes Wort für den Astronomen einzulegen. Doch der reiche Mühlenbesitzer hielt nicht viel von einem Schwiegersohn, der sich mit wissenschaftlichen Dingen abgab und gerade mal 150 Gulden im Jahr verdiente. Nein, Jobst Müller hatte für seine Tochter Besseres im Sinn; er wollte jemanden mit Geld und einer aussichtsreichen Zukunft.

Doch die Brautwerber ließen nicht locker, und da es einflussreiche Personen der Gemeinde waren, die nur Bestes von Kepler berichteten, gab Jobst Müller schließlich nach. Kepler erhielt die Zusage, als er auf Heimaturlaub in Tübingen war und sich um die Drucklegung seines Buches kümmerte. Hoffnungsvoll reiste er zurück nach Graz – und war wie vom Schlag getroffen, als er erfuhr, dass es sich die Familie Müller mittlerweile anders überlegt hatte. Ein zweites Mal mussten Keplers Freunde losziehen und alle verfügbaren Argumente anführen. Mit vereinten Kräften schafften sie es, Braut und Vater nochmals umzustimmen.

Am 27. April 1597 konnte Hochzeit gefeiert werden. Kepler bekam von seinen Vorgesetzten eine Gehaltserhöhung von 50 Gulden, dazu einen silbernen Becher als Hochzeitsgeschenk. Er zog aus dem Zimmer in der Stiftsschule in die Wohnung seiner Frau, wo auch Regina, deren Tochter aus erster Ehe, wohnte. Zu ihr fasste Kepler eine besondere Zuneigung und behandelte sie wie sein eigenes Kind.

Mit der Heirat änderte sich für den jungen Wissenschaftler so manches. Anfangs hatte er seine Arbeitsstelle in Graz nur als Provisorium angesehen, als eine Zwischenstation, die er bald wieder verlassen würde. Doch jetzt war die Fremde sein Zuhause geworden. Er gehörte nun zu einer reichen Familie; seine Geschicke waren mit denen des Landes Steiermark verknüpft. Was den Menschen hier auch passierte – Kepler würde davon betroffen sein.

Gewitterwolken

„Das ist alles so schwer ...“ (Johannes Kepler)

Über der Stadt Graz ballten sich Gewitterwolken zusammen. Immer dichter und dunkler wurden sie, kündigten eine nahe Katastrophe an.

Ursache waren die konfessionellen Unterschiede im Land. Da gab es zum einen die lutherischen Protestanten, zu denen viele Adelige und Bürger, die Lehrer der Stiftsschule und auch Kepler, seine Frau und deren Familie gehörten. Die Kirche, zu der sie sich hielten, wurde von lutherischen Pfarrern geleitet.

Daneben gab es altgläubige Katholiken – unter ihnen auch Adelige, Bürger und vor allem die Mönche des

Jesuitenordens. Diese hatten, als Konkurrenz zur Stiftsschule, eigene Schulen gegründet, wo junge Katholiken Latein lernen und verschiedene Fächer studieren konnten. Wenn die Jesuiten einen Protestanten vor sich hatten, stellten sie ihm die Frage: „Wie wär's – möchtest du nicht wieder katholisch werden?" Es konnte vorkommen, dass sie dies mit ziemlichem Nachdruck fragten.

Die Protestanten gaben nicht klein bei – im Gegenteil. Die Pfarrer machten sich mehr als einmal von der Kanzel herab über den katholischen Glauben lustig. Einer von ihnen verspottete ein Bild mit Mönchen, die unter dem Mantel der Mutter Jesu Schutz suchten. Für Katholiken, in deren Glaubensleben Maria eine große Rolle spielte, war das ein Schlag ins Gesicht, und auch die Spottbilder über den Papst, die die Protestanten verteilten, trugen nicht zur Entspannung der Situation bei.

Zu dieser Zeit herrschte Erzherzog Ferdinand über die Steiermark. Er war der größte Eiferer für die katholische Sache. Sein Wunsch war, das Land wieder ganz zum alten Glauben zurückzuführen. Nachdem er sich das Hin und Her der Parteien eine Weile angesehen hatte, verordnete er: „Alle lutherischen Pfarrer und alle Lehrer der Stiftsschule müssen binnen einer Woche die Steiermark verlassen."

Davon war auch Johannes Kepler betroffen. Schweren Herzens ließ er seine Frau zurück und machte sich mit seinen Glaubensbrüdern auf den Weg. Sie reisten mehrere Tage, bis sie das Gebiet des Erzherzogs hinter sich hatten. In Ungarn fanden sie bei einem protestantischen Fürsten Unterschlupf.

Da geschah ein kleines Wunder: Nach einem Monat bekam Kepler als Einziger die Erlaubnis, nach Graz zurückzukehren. War es, weil er sich nie an den Pöbeleien gegen die Katholiken beteiligt hatte? Oder galten seine wissenschaftlichen Leistungen so viel, dass der Erzherzog nicht darauf verzichten wollte? Oder hatte Kepler einfach nur gute Beziehungen?

Jedenfalls war er froh, wieder bei seiner Familie zu sein. Mit dem Unterrichten war es allerdings vorbei – die Stiftsschule gab es nicht mehr. Trotzdem bekam Kepler weiter sein Gehalt bezahlt und konnte sich seinen Forschungen widmen.

Es waren dies allerhand interessante Themen: Kepler begann mit Wetteraufzeichnungen, forschte nach dem Geburtsjahr von Kaiser Augustus, beobachtete eine Mondfinsternis, und nach wie vor erstellte er Kalender und astrologische Gutachten. Außerdem arbeitete er den Plan zu einem astronomischen Werk aus, das von den Planeten und ihren wunderbaren Eigenschaften handeln und einmal den Titel „Weltharmonik“ tragen sollte. Doch die Vollendung dieses Werkes lag noch in weiter Ferne. Für einige Monate reiste Kepler nach Prag zum kaiserlichen Mathematiker Tycho de Brahe und konnte Einblicke in dessen Himmelsbeobachtungen nehmen. Gab es vielleicht eine Möglichkeit, mit diesem großen Astronomen zusammenzuarbeiten?

Bei alldem vermisste Kepler seine Glaubensbrüder in der Verbannung; er vermisste den lutherischen Gottesdienst mit Predigt und Abendmahl. Ja, er sehnte sich danach, gemeinsam mit Gleichgesinnten Gott zu begegnen. *„Vertrieben sind aus unserem Land die Männer, durch deren Vermittlung ich bisher mit Gott verkehrt habe; andere, durch die ich mit Gott verkehren könnte, werden nicht zugelassen."*

Die Maßnahmen verschärften sich zusehends. Das Singen protestantischer Choräle wurde verboten, ebenso das Lesen der Lutherbibel. Warensendungen durchsuchte man nach ketzerischer Literatur, es gab regelrechte Bücherverbrennungen. Die Protestanten sollten so richtig eingeschüchtert werden!

Kepler hatte noch andere Sorgen. Sein erster Sohn war bereits nach 65 Tagen gestorben. Nun hatte Barbara ein Mädchen zur Welt gebracht, doch auch dieses Kind lebte nur kurze Zeit. Die Eltern waren tief bedrückt über den Verlust. Doch bevor sie das Kind zu Grabe tragen durften, mussten sie eine Strafe zahlen, weil sie den katholischen Geistlichen nicht geholt hatten.

Zwei Jahre dauerte dieser unsichere Zustand an; angstvoll blickten die Protestanten in die Zukunft. Im Sommer des Jahres 1600 trat dann das ein, worauf es Erzherzog Ferdinand abgesehen hatte. Den Einwohnern von Graz wurde befohlen, in die Kirche zu kommen. Erst mussten sie eine Predigt des katholischen Bischofs anhören. Dann wurden Tische aufgestellt, die Herren der erzherzoglichen Religionskommission nahmen Platz und fingen an, die Leute nach ihrer Konfession zu befragen. Wer sich zum katholischen Glauben bekannte, durfte in der Stadt bleiben – wer einen anderen Glauben hatte, musste sie verlassen. Und dies galt diesmal nicht nur für einige wenige, sondern für fast alle! Nur Adlige und Ritter wurden nicht verhört.

Kepler hatte die Wahl: Sollte er katholisch werden? Schließlich hatten ihn die Protestanten in manchem enttäuscht, die katholische Kirche hatte auch ihre guten Seiten, und als Katholik hätte er endlich in Sicherheit und Ruhe arbeiten können. Aber Kepler sagte: *„Ich habe es nicht gelernt zu heucheln. Mit der Religion ist es mir ernst, ich spiele nicht mit ihr.“* Die lutherische Lehre war die Grundlage seines Glaubens; er konnte und wollte sie nicht verleugnen.

Also musste die Familie Kepler ihren Hausrat packen und auf zwei Wagen laden. Wertsachen durfte man nur mitnehmen, wenn eine Steuer darauf bezahlt worden war. Am 30. September 1600 verließen sie mit einem großen Zug von Flüchtlingen die Stadt.

Kepler schrieb: *„Das ist alles so schwer. Aber ich hätte nicht geglaubt, dass es in Gemeinschaft mit den Brüdern so süß ist, unseres Glaubens wegen und um Christi Ehre willen Schimpf und Schaden zu erleiden, Haus, Äcker, Freunde und Heimat aufzugeben.“*

Fahrt ins Ungewisse

„Denn ich habe Trost nötig ... Ich bin schon einmal zusammengebrochen, als die Welt um mich zusammenstürzte.“ (Johannes Kepler)

Kepler hatte eine Menge in Graz zurückgelassen: seine Wohnung, das geruhsame Familienleben, den

Reichtum seiner Frau, seinen Beruf als Forscher und Lehrer – und damit auch sein Gehalt. Er stand vor dem Nichts. Wohin sollte er sich wenden?

Sein erstes Ziel hieß: hinaus aus dem Herrschaftsgebiet von Erzherzog Ferdinand, der fest entschlossen war, die Gegenreformation voranzutreiben. Doch wo war man toleranter? Wo gab es eine Zukunft für den Astronomen?

Keplers Traum war eine Professur in Tübingen. An der dortigen Universität hatte er studiert, da saßen Leute, die er kannte und die seinen lutherischen Glauben teilten. Außerdem wäre er in der Nähe seines Elternhauses. Ach, wie schön wäre eine Rückkehr in die sichere Heimat!

Schon vor der Ausweisung hatte Kepler einen Brief an seinen ehemaligen Lehrer Michael Mästlin geschrieben. „Habt Ihr nicht irgendeine Stelle für mich? Ich bin bereit, alles zu tun, was man von mir verlangt ...“ Vorsorglich hatte er Mästlin gebeten, seine Antwort nicht nach Graz, sondern in die oberösterreichische Stadt Linz zu schicken.

Dahin reiste er nun mit seiner Familie – voller Hoffnung auf gute Nachrichten.

Die Fahrt dauerte mehrere Tage. Doch als sie endlich in Linz ankamen, empfing sie kein Brief aus der Heimat. Mästlin schwieg. Was hatte das zu bedeuten? Gab es in Tübingen wirklich keine Stelle für Kepler? Oder wollte man ihn dort einfach nicht haben? Kepler hatte niemandem etwas getan – aber vielleicht war genau das das Problem. Hatte er in dem ganzen

Konfessionsstreit nicht deutlich genug Stellung bezogen?

Es war ein Dilemma: Die Katholiken in Graz wollten ihn nicht, weil er protestantisch war, den Protestanten aber war er nicht protestantisch genug. Kepler war zu wenig radikal und saß deshalb zwischen den Stühlen. Gab es denn nirgends einen Platz für ihn?

Doch, einen Rettungsanker gab es: die Residenzstadt Prag. Dort stellte der berühmte Tycho de Brahe unter dem Schutz des Kaisers seine Himmelsbeobachtungen an. Noch vor Kurzem hatte ihn Kepler besucht, und trotz Meinungsverschiedenheiten hatte ihm Tycho eine Zusammenarbeit in Aussicht gestellt. Stand er noch dazu? In einem Brief forderte er Kepler jetzt auf: „Kommt zu mir! Ich habe mit dem Kaiser über Euch gesprochen, und der Kaiser hat genickt."

Sollte das bedeuten, dass es in Prag eine richtige Stelle für Kepler gab, eine Arbeit mit einem Gehalt? Auch wenn die Sache unklar war – Kepler hatte keine Wahl. Er musste Tychos Ruf folgen.

„Und was wird aus uns?", fragte Barbara. „Sollen wir etwa hierbleiben?" Tatsächlich hatte Kepler vorgehabt, Frau und Stieftochter vorerst in Linz zurückzulassen. Doch er besann sich. „Es könnte sein, dass jemandem etwas zustößt, dass uns eine Krankheit befällt. Dann brauchen wir einander."

Also ließen sie nur ihren Hausrat in Linz zurück und reisten zusammen in Richtung Norden. Da trat das Befürchtete ein, Johannes Kepler wurde krank. Die 300 Kilometer lange Fahrt wurde zur Qual; in elender

Verfassung traf er in Prag ein. Glücklicherweise gewährte ein befreundeter Baron der Familie in seinem Haus Unterschlupf. Das Fieber jedoch wollte nicht von Kepler weichen, dazu kam starker Husten. Woche für Woche, Monat für Monat quälte sich der Astronom.

Die ungewohnten Verhältnisse in der Residenzstadt verschlimmerten alles. In Prag war das Leben viermal so teuer wie in Graz, auch der Umzug hatte über 120 Gulden gekostet. Rasch schmolz das Guthaben der Familie dahin. Keplers Frau Barbara, die von zu Hause her einen gehobenen Lebensstil gewöhnt war, litt besonders unter der Situation. Jetzt musste sie sich in allem einschränken, außerdem vermisste sie ihre Verwandtschaft. Wen wundert es, dass auch sie schließlich krank wurde?

Ende des Jahres 1600 traf endlich der ersehnte Brief von Michael Mästlin ein. Was Kepler las, erschütterte ihn zutiefst. „Ich habe keinen Rat für Euch", schrieb der alte Mann aus Tübingen, „und kann Euch keine Aussicht auf eine Professur machen, auch nicht eine ganz kleine. *Nur das eine tue ich mit allem Fleiß, für Euch und die Eurigen zu beten.*"

„Ich muss also hierbleiben", fasste Kepler die Situation zusammen, *„bis ich entweder gesund werde oder sterbe."*

Die Zusammenarbeit

„Tycho besitzt die besten Beobachtungen und damit sozusagen das Material zur Errichtung des Neubaus; er

hat auch Mitarbeiter und was er nur wünschen kann. Bloß der Baumeister fehlt ihm." (Johannes Kepler)

Tycho de Brahe stammte aus einem dänischen Adelsgeschlecht. Seine Eltern hatten ihn zum Jurastudium bestimmt, er aber hegte andere Interessen. Heimlich stand er nachts auf, um die Sterne zu beobachten. Dabei entdeckte er in den astronomischen Tafelwerken Ungenauigkeiten, die er durch eigene Messungen korrigierte. Tychos Talent blieb nicht verborgen. Der König von Dänemark stellte ihm eine ganze Insel zur Verfügung, wo er die Sternwarten „Uraniborg" und „Stjerneborg" errichten ließ. Da gab es Wohnräume für die Mitarbeiter, Büros und Bibliotheken und natürlich jede Menge Beobachtungsinstrumente. Viele davon hatte Tycho de Brahe selbst entworfen und gebaut.

Noch nie hatte jemand den Himmel derart genau vermessen wie Tycho. Um sich seiner Sache sicher zu sein, führte er seine Messungen mehrmals durch und notierte alles gewissenhaft. Ja, dieser Däne setzte neue Maßstäbe. Weder die alten Griechen noch Kopernikus hatten sich so eingehend mit den Positionen von Sternen und Planeten auseinandergesetzt.

Abb. 5: Tycho de Brahe mit Nasenprothese

Als der König von Dänemark starb, musste

Tycho nach 21-jähriger Forschungsarbeit seine Insel verlassen. Doch lange war er nicht arbeitslos. Kaiser Rudolf hatte ein Auge auf ihn geworfen und lockte ihn mit einem Jahresgehalt von über 3000 Gulden nach Prag. Im Jahr 1599, als Kepler in Graz gerade an seinem „Weltgeheimnis" arbeitete, traf Tycho in der Residenz ein.

Tycho war kein einfacher Mann. Als Student hatte er sich einmal mit einem Mitstudenten darüber gestritten, wer der bessere Mathematiker sei. Es war zum Duell gekommen, in dem Tycho die Nasenspitze abgehauen wurde. Seitdem trug er eine Prothese aus Metall – für jeden sichtbar, der sich mit ihm anlegen wollte.

Obwohl auch Kepler seine Launenhaftigkeit zu spüren bekam, verehrte er Tycho wie einen Vater. Als man sich in Tübingen von Kepler abwandte, als seine ehemaligen Freunde nichts mehr von ihm wissen wollten, war Tycho für ihn da, setzte sich beim Kaiser für den jungen Astronomen ein und ermutigte ihn zur Mitarbeit.

Kepler wusste auch: Wenn eine Erneuerung der Astronomie möglich sein sollte – dann nur mit Tychos Beobachtungsschatz. Kepler war zwar ein ausgezeichneter Theoretiker, doch in der Beobachtungskunst hatte er es nie so weit gebracht wie der streitbare Däne. Einer brauchte den anderen – und für Kepler war es mehr als ein glücklicher Zufall, dass sich ihre Wege in Prag kreuzten. *„Denn ich sehe, wie mich Gott durch ein unabänderliches Schicksal mit Tycho verband."*

Trotz seines schlechten Gesundheitszustandes nahm Kepler die Arbeit bei Tycho auf und zog mit seiner Familie in dessen Haus auf den Burgberg. Kepler hatte keine offizielle Anstellung und war völlig von dem Dänen abhängig, der ihn aus eigener Tasche bezahlte. Einmal reiste Kepler in das verbotene Graz, um aus den Besitztümern seiner Frau Geld zu schlagen. Obwohl diese Bemühungen erfolglos blieben, kehrte er gesund und erholt zurück und konnte sich mit neuen Kräften an seine Aufgaben machen.

Kepler war begierig darauf, die Beobachtungsdaten von Tycho de Brahe unter die Lupe zu nehmen, mit ihnen seine Theorien zu überprüfen und weitere Berechnungen anzustellen. Doch der große Däne geizte mit seinem Besitz und rückte zeitlebens immer nur kleine Kostproben heraus. So gab er Kepler nur Zahlen, die etwas mit dem Planeten Mars zu tun hatten. Er sagte: „Mars ist ein schwieriger Geselle. Bisher hat sich mein Assistent Longomontanus die Zähne an ihm ausgebissen, jetzt seid Ihr dran. Vielleicht gelingt es Euch, seine Bahn genauer zu bestimmen und eine neue Mars-Theorie zu entwerfen." Kepler war froh über den ehrenvollen Auftrag und machte sich eifrig ans Werk. Gleichzeitig aber fühlte er sich wie ein Hund, der an kurzer Leine gehalten wird.

Wieder nahm das Schicksal eine Wendung. Tycho de Brahe war zu einem Gastmahl am Hof eingeladen. Bei Tisch überkam ihn das Bedürfnis, Wasser zu lassen. Doch Tycho wusste, was sich gehörte: In Anwesenheit adliger Personen stand man nicht einfach auf! Er unterdrückte das Bedürfnis bis zum Ende der Feier – und bekam eine Blasenentzündung. Der Zustand des 59-Jährigen verschlechterte sich täglich. Als er den Tod nahen sah, ließ er Kepler rufen. „Ihr müsst mein Erbe antreten und aus meinen Beobachtungen neue astronomische Tafeln erstellen. Ich beschwöre Euch aber, sie nicht zur Stützung des kopernikanischen Systems zu verwenden."

Am 24. Oktober 1601 starb Tycho de Brahe und wurde bald darauf in der Prager Teynkirche begraben. Johannes Kepler verfasste eine Lobrede und sprach auch später stets mit Hochachtung von den wissenschaftlichen Leistungen seines Meisters. Tychos Bitte jedoch, das System des Kopernikus nicht zu unterstützen, konnte Kepler nicht erfüllen.

Zwei Tage nach der Beerdigung erhielt Kepler die Nachricht, dass ihn der Kaiser zum Nachfolger Tychos bestimmt habe. Damit hatte Kepler endlich das, was er brauchte: Zugriff auf Tychos Instrumente und Beobachtungen, dazu ein Gehalt – und das Wohlwollen des Kaisers. Hätte er sich das träumen lassen, als er aus Graz vertrieben wurde? Nie hätte er sich dort zu solcher Höhe aufschwingen können wie in Prag. Er war nun mittendrin im wissenschaftlichen Betrieb der Residenzstadt, traf Leute ersten Ranges, konnte Austausch nach allen Richtungen pflegen – und sich dazu noch „Kaiserlicher Mathematiker" nennen. Tatsächlich, Gott meinte es gut mit ihm!

Die Planetenbewegung

„Wahr ist vielmehr, dass ich eine Hypothese aufgrund von Beobachtungen aufstelle und begründe. Danach erst habe ich das besondere Verlangen, zu untersuchen, ob sich nicht darin ein natürlicher und gefälliger Zusammenhang entdecken lässt.“ (Johannes Kepler)

Eigentlich wollte Kepler naturphilosophische Spekulationen treiben, sich über die Schönheit des Weltalls Gedanken machen und Gottes Ehre verkünden, so wie sie im Lauf der Gestirne deutlich wird. Deshalb waren ihm Tycho de Brahes Beobachtungsdaten so wichtig. Aber was waren das für Daten! Stapelweise Papiere mit Reihen von Zahlen – Winkel, die zu bestimmten Zeiten gemessen worden waren und bestimmte Punkte am Himmel darstellten. Es waren Zahlen ohne Zusammenhang, ein Durcheinander, in das Kepler erst mal Ordnung bringen musste.

Tycho de Brahe hatte Kepler ja bereits zu Lebzeiten auf den Planeten Mars angesetzt. Jetzt wollte Kepler als kaiserlicher Mathematiker daran weiterarbeiten. Mars war schon seit jeher eine harte Nuss für die Astronomen gewesen. Er war in vielem anders als die anderen Planeten. Mal sah man ihn hell funkelnd am Himmelsgewölbe stehen, mal war er nur ein kleines rotes Pünktchen. Es konnte passieren, dass er auf seiner Bahn innehielt, für kurze Zeit rückläufig wurde – um nach ein paar Tagen wieder die alte Richtung aufzunehmen. Auf diese Weise beschrieb er vor dem Hintergrund des Fixsternhimmels eine Schleife.

Die griechischen Philosophen Platon und Aristoteles hatten gesagt: „Die Planeten bewegen sich auf kreisförmigen Bahnen um die Erde.“ Der Kreis, diese geometrische Form, die keinen Anfang und kein Ende hat und von allen Seiten gleich aussieht, galt ihnen als vollkommen, und es konnte gar nicht anders sein, als dass die Himmelskörper solchen vollkommenen Bahnen folgten.

Um diese Vorstellung mit dem in Einklang zu bringen, was man am Himmel beobachtete, hatte sich der Astronom Ptolemäus ein System ausgedacht, das einem riesigen Uhrwerk ähnelte. Darin bewegten sich Sonne, Mond und Planeten auf Kreisen, die sich wiederum auf anderen Kreisen bewegten – vergleichbar einem kleinen Karussell, das sich in einem großen Karussell dreht. Solche zusätzlichen Kreise wurden Epizykel genannt. Mit diesen und anderen Tricks, die Namen wie „Extender“ und „Ausgleichspunkt“ trugen, konnte Ptolemäus die Ereignisse am Himmel einigermaßen genau vorausberechnen.

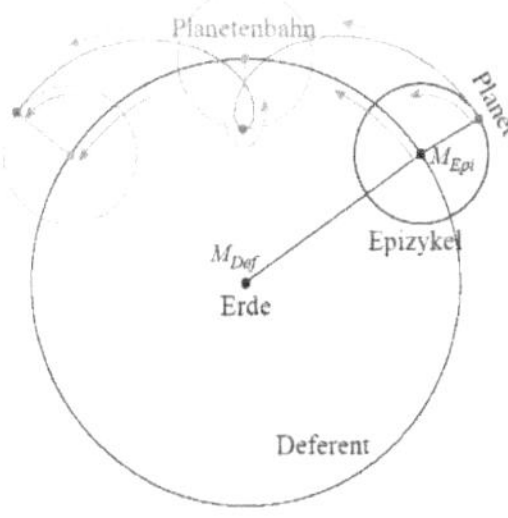

Abb. 6: Schema einer Planetenbahn nach dem System des Ptolemäus

Kopernikus hatte das System des Ptolemäus abgeändert, indem er Erde und Sonne vertauschte. Die Sonne kam jetzt in die Mitte des Modells; die Erde umkreiste sie. Das Räderwerk aber war dadurch nicht einfacher geworden, denn auch Kopernikus benötigte jede Menge Epizykel und Extender.

Diese Art von Himmelsgeometrie wurde von vielen als umständlich und abstoßend empfunden. Der fromme Alfons X von Kastilien hatte über das Räderwerk des Ptolemäus gesagt: *„Wenn der Allmächtige mich gefragt hätte, bevor er sich auf die Schöpfung einließ, hätte ich ihm zu etwas Einfacherem geraten."*

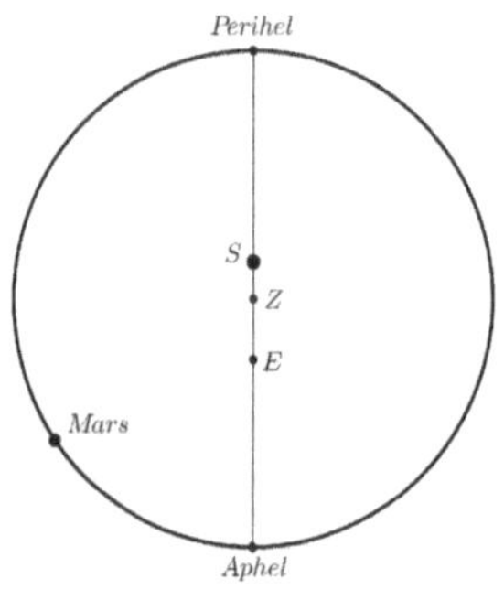

Abb. 7: Kreis mit den drei Punkten

Kepler war jedoch überzeugt, dass Gott die Welt verständlich, harmonisch und schön geschaffen hatte. Er hielt die Himmelsgeometrien von Ptolemäus und Kopernikus zwar für ganz nützliche Konstruktionen – die Wahrheit aber musste anders aussehen. Und wenn auch der gute Longomontanus auf der Suche nach der wahren Marsbahn gescheitert war, blieb Kepler zuversichtlich, dass ihm Gott den rechten Weg zeigen würde. „In acht Tagen", behauptete er, „werde ich die Lösung haben."

Er begann mit vier von Tycho gemachten Beobachtungen, das heißt mit vier Marspunkten. Das Ziel war, einen Kreis zu finden, auf dem diese Punkte lagen. Es war Kepler von vorneherein klar, dass der Mittelpunkt des Kreises (Z) nicht mit der Sonne (S) identisch sein konnte. Das bedeutete, dass Mars bei seinem Umlauf der Sonne mal näher kommt, mal weiter von ihr weg ist. Den der Sonne nächsten Punkt nannte er Perihel, den am weitesten von der Sonne entfernten Punkt Aphel. Im Aphel ist Mars am langsamsten, im Perihel am schnellsten. Es sollte auch einen Punkt E geben, von dem aus gesehen sich Mars immer gleich schnell bewegt. Dieser Punkt war wichtig, da die alten Astronomen neben der Kreisförmigkeit auch die Gleichförmigkeit der himmlischen Bewegungen lehrten. „Das Irdische", sagten sie, „ist Veränderungen unterworfen, aber das Himmlische ändert sich nie. Himmelskörper haben immer die gleiche Geschwindigkeit."

Kepler rechnete und rechnete. Aus den acht vorgesehenen Tagen wurden Wochen und Monate. Es war doch nicht so einfach, diesen Kreis und die drei Punkte zu bestimmen. Schlussendlich investierte er fünf Jahre dafür, wobei er 900 Seiten mit Rechnungen füllte. Endlich lag die gesuchte Kreisbahn vor ihm. Mars war besiegt!

Nur eines wollte Kepler noch tun: das Ergebnis mit zwei älteren Beobachtungen vergleichen. Zu seinem Schrecken stellte er fest, dass diese Marspositionen nicht genau auf dem von ihm gefundenen Kreis lagen. Ja, eine von ihnen wich sogar acht Bogenminuten davon ab.

Man mag denken: Acht Bogenminuten – was ist das schon? Es ist geradezu nichts, vergleichbar mit der Größe eines Druckbuchstabens, den man aus zwei

Metern Entfernung betrachtet. Sollte man darüber nicht hinwegsehen und das Ergebnis gelten lassen?

Kepler konnte das nicht! Er wusste, dass Tychos Beobachtungen äußerst präzise waren und man diese Abweichung nicht unter den Teppich kehren konnte. *„Nachdem uns die göttliche Güte in Tycho Brahe einen so sorgsamen Beobachter geschenkt hat, dass sich aus seinen Beobachtungen der Fehler der Rechnung im Betrag von acht Minuten verrät, geziemt es sich, dass wir dankbaren Sinnes diese Wohltat Gottes anerkennen und ausnützen, das heißt, wir sollen uns Mühe geben, endlich die wahre Form der Himmelsbewegungen aufzuspüren."*

Also verwarf Kepler aufgrund dieser acht Bogenminuten seine bisherigen Ergebnisse. Er verwarf damit auch den ganzen Ballast, der in den letzten Jahrhunderten die Astronomie beschwert hatte. Er verwarf die Lehre von der Gleichförmigkeit und Kreisförmigkeit der Bewegung, er verwarf Epizykel, Extender und Ausgleichspunkte. Denn all dies taugte offensichtlich nicht zur Beschreibung der Marsbahn.

Stattdessen führte Kepler einen neuen Gedanken in die Astronomie ein – und der hieß „Himmelsphysik". Eine typische Frage der Himmelsphysik lautete: „Was ist die Ursache für die Bewegung der Himmelskörper?" Kepler ahnte, wo die Antwort lag: in der Sonne. Sie ist die Weltmitte und regiert die Bewegungen, indem sie eine Kraft auf die Planeten ausübt, sie sozusagen antreibt. Diese Kraft muss mal schwächer, mal stärker sein, je nach Entfernung des Planeten von der Sonne, und daher mussten auch die Änderungen in den Geschwindigkeiten kommen.

Wie aber sah die Bahn des Mars nun aus? Wenn sie nicht kreisförmig war, konnte sie alles Mögliche sein. Das Einzige, was Kepler hatte, waren Tychos Beobachtungen, und die waren von der Erde aus gemacht worden – von einer Erde, die sich, wie alle Planeten, bewegte. Konnte man ihnen überhaupt trauen, wenn selbst die Erdbahn unbekannt war? Oder konnte man Genaueres über die Erdbahn herausfinden? Um ihre Abmessungen beurteilen zu können, müsste man irgendwie die Erde verlassen und sich auf einen festen Punkt im Weltraum begeben.

Genau das tat Kepler! In Gedanken reiste er zum Planeten Mars. Er nahm sich dazu einige besonders geeignete Beobachtungen Tychos aus den Jahren 1587, 1591, 1593 und 1595. Das Besondere: Zwischen diesen Beobachtungen lagen so viele Tage, wie Mars für einen oder mehrere Sonnenumläufe benötigte. Mars hatte zu diesen Zeitpunkten also immer genau an der gleichen Stelle seiner Bahn gestanden. Kepler hatte den festen Punkt gefunden! Die Erde aber, die um einiges schneller um die Sonne kreist als Mars, hatte zu diesen Zeitpunkten immer an unterschiedlichen Stellen gestanden. Kepler konnte diese Stellen nun genau berechnen – ein Verfahren, das man „Triangulation der Erdbahn“ nennt.

Dabei entdeckte Kepler eine Gesetzmäßigkeit, die nicht nur für die Erde, sondern für alle Planeten gilt: Wie schon gesagt, bewegt sich ein Planet umso schneller, je näher er bei der Sonne ist. In Sonnennähe kommt er innerhalb einer Zeitspanne von beispielsweise einem Monat relativ weit vorwärts (von A nach B), während er in großer Entfernung von der Sonne in der gleichen Zeitspanne nur wenig vorwärtskommt (von C nach D). Doch obwohl die zurückgelegten Strecken unterschiedlich lang sind, sind die Flächen zwischen den Punkten A, B, S und den Punkten C, D, S – wie in der Abbildung ungefähr ersichtlich – gleich groß.

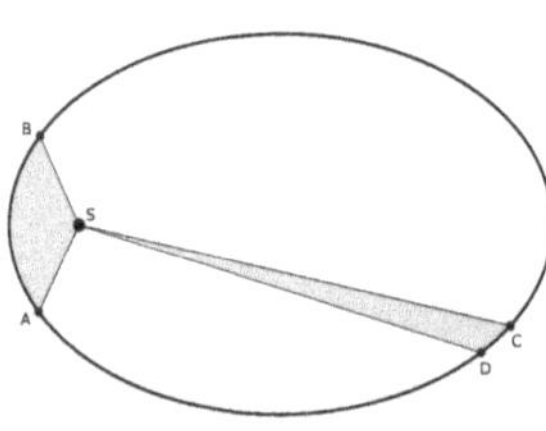

Abb. 8: Illustration des Zweiten Keplerschen Gesetzes

Dieser Zusammenhang wird heute als „Zweites Keplersches Gesetz" bezeichnet – obwohl es eigentlich als erstes entdeckt wurde. Knapp ausgedrückt heißt es:

„Der Strahl zwischen Sonne und Planeten überstreicht in gleichen Zeitspannen gleich große Flächen."

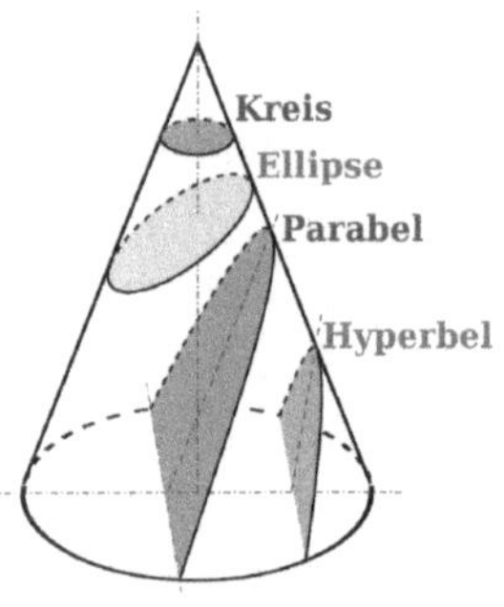

Abb. 9: Verschiedene Schnitte durch einen Kegel

Da jetzt die Erdbahn feststand, konnte sich Kepler wieder auf Mars stürzen. Die Beobachtungen zeigten nun ganz klar, dass die Marsbahn kein Kreis war. *„Könnte sie vielleicht elliptisch sein?“*, dachte Kepler und erinnerte sich an das, was er bei den alten Griechen zu diesem Thema gelesen hatte. Man erhält eine Ellipse beispielsweise, indem man schräg durch einen Kegel schneidet. Deswegen wird eine Ellipse als „Kegelschnitt“ bezeichnet.

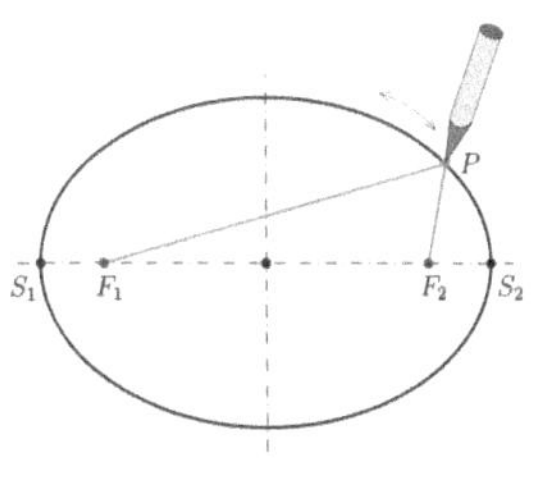

Abb. 10: Gärtnerkonstruktion

Möglich ist auch die sogenannte Gärtnerkonstruktion. Dazu befestigt man auf einem Papier an zwei Punkten eine Schnur und zieht diese mit einem Stift straff. Bewegt man den Stift, indem die Schnur gespannt bleibt, um beide Punkte, so entsteht eine geschlossene Linie, eben eine Ellipse. Die Befestigungspunkte der Schnur nennt man Brennpunkte der Ellipse.

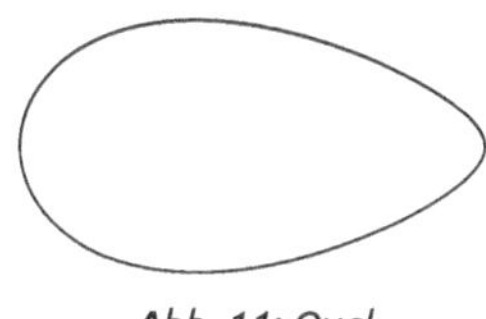

Abb. 11: Oval

Doch Kepler verwarf die Ellipsenform wieder. Diese Lösung wäre auch zu einfach gewesen! War die Marsbahn nicht eher eiförmig, das heißt oval?

Kepler konstruierte sich ein Oval, das zu den Beobachtungen passte und fing an, Berechnungen damit anzustellen. Monatelang kämpfte er mit dieser ihm noch unvertrauten Form. Dabei ging es ihm gesundheitlich schlecht, und er hatte kaum Geld für seine

Familie. Er rannte bei seinen Überlegungen *„gegen Tausende von Mauern an, kam fast von Sinnen“*. Und plötzlich tauchte eine Zahl auf, die ihm bekannt vorkam. Sie sprang ihm regelrecht in die Augen. Diese Zahl passte nicht zu einem Oval – ja, doch, sie musste zu einer Ellipse gehören! Es war, als wäre er aus dem Schlaf erwacht. Plötzlich sah er klar. Seine vorige Idee war richtig gewesen, die Marsbahn war tatsächlich eine Ellipse – und die Bahnen der anderen Planeten waren es auch. Er konnte nun endlich das Gesetz formulieren, das heute als das „Erste Keplersche Gesetz“ bezeichnet wird: **Ein Planet beschreibt auf seiner Bahn um die Sonne eine Ellipse. Die Sonne liegt in einem der Brennpunkte der Ellipse.**

Anzumerken ist, dass die meisten Planetenbahnen in unserem Sonnensystem, obwohl sie Ellipsen sind, fast wie Kreise aussehen. Mars, dessen Bahn eine sehr deutliche Ellipsenform hat, macht hier eine Ausnahme. Mathematiker sagen: Die Marsbahn hat eine große Exzentrizität. Deshalb war Mars der geeignete Planet zur Auffindung der Planetengesetze. Kepler war überzeugt, dass die göttliche Vorsehung dahinterstand, als Tycho ihm den Auftrag zur Erforschung der Marsbahn gegeben hatte. *„Denn Mars allein versetzt uns in die Lage, in die Geheimnisse der Astronomie einzudringen, die uns sonst für immer verborgen bleiben würden.“*

Keplers Gesetze sind Naturgesetze im modernen Sinne. Sie ersetzten das Flickwerk, mit dem sich die Astronomen fast zwei Jahrtausende lang mehr schlecht als recht beholfen hatten. Es sind universelle Gesetze, die nicht nur in unserem Sonnensystem, sondern überall gelten. In ihrer Einfachheit zeigen sie tatsächlich, wie schön und harmonisch sich Gott alles ausgedacht hat.

Freilich, Keplers Zeitgenossen taten sich schwer mit diesen Neuerungen. Selbst beste Freunde reagierten verständnislos. Statt Ellipsen hätten sie viel lieber Kreise und noch mehr Epizykel gesehen. Aber Kepler hielt an seinen Entdeckungen fest. Warum Epizykel anhäufen, wenn es eine elegantere Lösung gibt?

Johannes Kepler schildert Wege und Irrwege bei der Erforschung der Planetenbewegung in seinem Buch „Die neue Astronomie". Selten geben Wissenschaftler so offen ihre Gedanken preis, und jeder, der einmal in die Handwerkskammer eines Astronomen blicken möchte, wird dieses Buch mit Gewinn lesen.

Der neue Stern

„Was nun seine Bedeutung sein wird, ist schwer zu ergründen, und dies allein ist gewiss, dass er entweder uns Menschen gar nichts oder aber solch hohe, wichtige Dinge zu bedeuten habe, die aller Menschen Sinn und Vernunft übertreffen." (Johannes Kepler)

Im Oktober des Jahres 1604 kam der Hofbeamte Johannes Brunowski zu Kepler und berichtete aufgeregt: „Gestern Abend, als ich das Wetter beobachtete und die Wolkendecke für einen kurzen Moment aufriss, kam ein Stern zum Vorschein, den ich bisher noch nie gesehen hatte. Er stand im Sternbild Schlangenträger und leuchtete mit großer Helligkeit."

Kepler glaubte ihm nicht. Ein neuer Stern? Das widersprach sämtlichen Vorstellungen über den Aufbau der Sternenwelt. Der griechische Philosoph Aristoteles hatte geschrieben: *„In all der vergangenen Zeit hat sich in der Überlieferung, die von Generation zu Generation weitergereicht worden ist, offenbar weder hinsichtlich der Gesamtheit des äußeren Himmels noch hinsichtlich eines der ihm eigenen Teile etwas verändert."* Die Philosophen nach ihm waren dieser Ansicht gefolgt: Die einzelnen Sterne bleiben, wie sie sind, sie werden weder kleiner noch größer, noch ändern sie Farbe oder Helligkeit, und es kommen auch keine neuen Sterne dazu. Die Welt der Fixsterne gehört den göttlichen Bereichen an und unterliegt keinen Veränderungen.

Der Hofbeamte musste sich getäuscht haben!

Die folgenden Tage waren so wolkenverhangen, dass keine Beobachtungen vorgenommen werden konnten. Erst am 17. Oktober klarte der Himmel auf – und da sah es auch Kepler: Zu den Planeten Jupiter, Saturn und Mars, die sehr nahe beieinanderstanden, hatte sich ein neuer Himmelskörper gesellt, der fast so hell leuchtete wie Jupiter. Er flackerte in allen Regenbogenfarben und war einem fein geschliffenen Diamanten vergleichbar.

Kepler war fasziniert von dem *„Wunderwerk Gottes"* – und tat das für einen Astronomen Naheliegende: Er holte seine Instrumente hervor, vermaß die Höhe des neuen Sterns und seinen Abstand zu anderen Himmelskörpern. Jeden Abend stand er auf dem Dach seines Hauses, beobachtete alles, so genau er konnte, und notierte es.

Es war deutlich zu sehen: Der Stern nahm von Tag zu Tag an Helligkeit zu, übertraf bald sogar den Planeten Jupiter.

Mitte November mussten die Beobachtungen eingestellt werden. Das Sternbild des Schlangenträgers lag um diese Jahreszeit schon vor dem Dunkelwerden unter dem Horizont; der Stern war nicht mehr sichtbar. Aber im nächsten Jahr kam er in den Morgenstunden wieder zum Vorschein. Kepler stand früh auf und beobachtete weiter. Die Helligkeit des neuen Sterns nahm nun langsam wieder ab. Bis Oktober 1605 konnte man sich noch an seinem Anblick erfreuen, dann verschwand er.

Kepler war kaiserlicher Mathematiker und galt als Experte für solche Dinge. Täglich wurde er von Menschen angesprochen, die wissen wollten, was diese Erscheinung zu bedeuten habe. Ein neuer Stern war etwas Außergewöhnliches, und die Leute waren überzeugt, dass nun auch Außergewöhnliches geschehen müsse.

„Aber was? Kündigt uns der neue Stern ein freudiges Ereignis an, oder will er uns vor etwas warnen?“ Der Kaiser selbst war voller Ahnungen und bat seinen Mathematiker um Aufklärung.

Kepler griff zur Feder. Erst verfasste er eine kurze deutsche Schrift, später eine längere auf Lateinisch.

Wie immer war er sehr gründlich. Er schilderte nicht nur seine eigenen Beobachtungen, sondern auch das, was er von anderen Astronomen erfahren hatte. Denn überall war man im Bann der Himmelserscheinung: In Tübingen beschäftigte sich Michael Mästlin damit, in Padua war es Galileo Galilei. Bis China und Korea waren die Augen zum Himmel gerichtet.

Nach der Beschreibung des Phänomens dachte Kepler über seine Bedeutung nach. Eines war klar: Es konnte kein Zufall sein, dass der Stern an dieser Stelle stand. Es war Gottes Wirken. Aber was wollte Gott damit sagen?

Kepler spekulierte hin und her. Kündigte der Stern das Ende des Osmanischen Reiches oder gar des ganzen Islam an? Oder wies er auf die nahe Bekehrung Amerikas hin? Konnte es etwa sein, dass die Wiederkunft Christi bevorstand?

Es waren so viele Möglichkeiten – und nachdem Kepler sich mit ihnen auseinandergesetzt hatte, verwarf er sie wieder. „Ich bin vom Kaiser nicht als Prophet angestellt. Meine Aufgabe ist es, die Astronomie zu erneuern." Er konnte und wollte über die Bedeutung des Sterns nichts Genaues sagen und gab nur folgende Empfehlung: „Das Beste ist, dass die Menschen angesichts des Himmelszeichens in sich kehren, ihre Fehler und Laster prüfen und sich zur Buße wenden."

Was aber war die astronomische Natur des Sterns? Handelte es sich überhaupt um einen Stern und nicht vielmehr um einen Kometen? Woher war er so plötzlich gekommen? Kepler bewies, dass man es nicht mit einem Kometen, sondern eindeutig mit einem Fixstern zu tun hatte. Er stellte sich auch gegen die Vermutung mancher Astronomen, wonach der Stern aus den Tiefen der Fixsternwelt gekommen sei, sich der Erde genähert und sich dann wieder entfernt habe. „Dazu war das Auftauchen des Sterns zu plötzlich“, schrieb Kepler. „Könnten wir nicht vielmehr Zeugen eines sehr kurzen Sternenlebens geworden sein? Zusammenballung von Himmelsmaterie hat zur Geburt des Sterns geführt, der dann wie eine Flamme verlöschte, weil ihm der Brennstoff ausgegangen ist.“

Kepler hielt somit als erster Astronom der Geschichte so etwas wie eine Sternbildung für möglich. Heute wissen wir, dass es sich bei der Erscheinung des Jahres 1604 aber nicht um die Entstehung eines Sterns, sondern um eine Sternenexplosion handelte – eine sogenannte Supernova.

Gründtlicher Bericht
Von einem vngewohnlichen
Newen Stern/ wellicher im October diß
1604. Jahrs erstmahlen erschienen
Gestelt
Durch Johan Khepplern / Röm: Kay:
May: Mathematicum.
Gedruckt in der alten Stat Prag/
zu Schumans Druckerey.

Abb. 12: Keplers Schrift über den neuen Stern

Obwohl man schätzt, dass im Weltall jede Sekunde ein Stern explodiert, ist dies nur in Ausnahmefällen mit bloßem Auge beobachtbar. Dank einer glücklichen Fügung gab es so einen Ausnahmefall zu Keplers Lebzeiten. Da sich Kepler so ausführlich mit dem neuen Stern beschäftigte, spricht man heute von der „Keplerschen Supernova“. Ihre Reste sind mit sehr starken Teleskopen immer noch sichtbar.

Fernrohrgeister

„O du vielwissendes Rohr, kostbarer als jegliches Zepter. Wer dich in seiner Rechten hält, ist der nicht zum König, nicht zum Herrn über die Werke Gottes gesetzt!“
(Johannes Kepler)

Kepler hatte in den letzten Jahren Großes geleistet. Er war zu bahnbrechenden Erkenntnissen durchgedrungen, hatte zu unzähligen Themen Bücher veröffentlicht. Und jetzt? Wie würde seine Karriere weitergehen? Hatte er seinen Höhepunkt bereits überschritten? Würde es von nun an bergab mit ihm gehen? Würde er sich am kaiserlichen Hof halten können?

In Kaiser Rudolf hatte Kepler einen Herrn, der hinter ihm stand und seine wissenschaftlichen Arbeiten förderte – aber wie lange würde er an der Macht bleiben? Der Kaiser war mehr Träumer als Politiker, und sein Bruder Mathias hegte Pläne, ihn vom Thron zu stürzen. Außerdem waren die Staatskassen ständig leer. Kepler bekam meistens nur einen Teil seines Gehaltes ausbezahlt, und auch das nur, wenn er darum bettelte. Seiner Familie fehlte es oft am Nötigsten. Wären nicht die Kalender mit den astrologischen Vorhersagen gewesen, die der Astronom nebenher schrieb und verkaufte, hätten sie wohl Hunger gelitten.

Kurz: Keplers Stellung am Prager Hof war unsicher. Er musste sich nach einem neuen Wirkungskreis umsehen. Aber wo sollte er hin? Eine erneute Anfrage an seine Heimatuniversität Tübingen stieß auf Ablehnung. Es war eine festgefahrene Lage, aus der es keinen Ausweg zu geben schien. Keplers und seiner Familie Zukunft lag im Ungewissen. Wen wundert es, dass die Schaffenskraft des Astronomen wie gelähmt war? Er notierte: *„Mein Gemüt ist in einem kläglichen Frost erstarrt.“* Weil jedoch Untätigkeit nicht seine Sache war, zehrte die Situation doppelt an ihm.

Im März 1610 fuhr Hofrat Wackher von Wackenfels an Keplers Haus vor. Der Freiherr war ein guter Freund des Astronomen; stundenlang konnten die beiden über wissenschaftliche Themen reden. Noch vom Wagen aus rief er Kepler vor die Tür und berichtete: „Galileo Galilei in Padua hat mit einem neuartigen Gerät vier neue Planeten entdeckt. Eben traf die Nachricht beim Kaiser ein, ich habe mich sofort auf den Weg gemacht ...“

Mit einem Schlag war Kepler ein anderer Mensch – vergessen die Sorge um die Zukunft, abgeschüttelt der „klägliche Frost“. „Was sagt Ihr? Vier neue Planeten? Also Himmelskörper, die ein anderes Gestirn umkreisen? Was kann das sein?“

Kepler hegte keine Zweifel an der Nachricht; sofort begann er, mit dem Freiherrn auf offener Straße zu diskutieren. Waren es Planeten, die wie Merkur, Venus, Erde, Mars, Jupiter und Saturn die Sonne umkreisen?

Das schien unmöglich – hatte Kepler doch bereits in jungen Jahren bewiesen, dass es nicht mehr als diese sechs Sonnentrabanten geben konnte.

Hofrat von Wackenfels meinte: „Es könnte sein, dass diese vier Himmelskörper zu einem Fixstern gehören, dass sich die Fixsterne also, wie unsere Sonne, mit Planeten umgeben." Kepler lehnte diese Auffassung ab. „Das würde ja bedeutet, dass es neben unserer Welt noch andere gibt, dass Gott unendlich viele Welten geschaffen hat ..." Dieser Gedanke war zu fantastisch.

Er vermutete vielmehr, dass die von Galilei entdeckten Himmelskörper mit einem der bekannten Planeten in Verbindung standen. „Vielleicht sind es Trabanten des Jupiter, die ihn umkreisen, wie der Mond unsere Erde umkreist." Kaum hatte er das ausgesprochen, schon sprudelten weitere Vermutungen hervor: „Ich bin sicher, dass es so ist, und dass auch hier Zahlen eine Rolle spielen. So muss es sein: Die Erde hat einen Mond ... der Mars doppelt so viele, also zwei ... der Jupiter hat vier Monde – und dann muss Saturn acht Monde haben, die ihn umkreisen."

Kepler war wieder ganz der Alte – spürte Gesetzmäßigkeiten nach, wollte Ordnung in die Sache bringen. Vorerst aber waren all das nur Spekulationen. Um Gewissheit zu erlangen, brauchten Kepler und sein Freund weitere Informationen. Die nächsten Tage warteten sie voller Ungeduld auf Post aus Padua.

Anfang April traf Galileis Schrift „Der Sternenbote" in Prag ein. Kepler las – und sah sich bestätigt: Die vier neuen Planeten waren tatsächlich Trabanten, das heißt Monde des Jupiter. Das war für sich genommen schon eine Sensation, da die Theorien von Aristoteles und Ptolemäus so etwas nicht vorsahen. Aber der „Sternenbote“ sprach noch von ganz anderen Entdeckungen, die Galilei dank seines Augenglases – das man später „Fernrohr“ nennen würde – gemacht hatte.

Denn worauf hatte er sein Instrument noch gerichtet? Natürlich auf den Mond! „Er ist mehr als eine leuchtende Scheibe“, berichtete Galilei. „Seine Oberfläche ist an vielen Stellen aufgerissen, hat Vertiefungen, daneben Berge, die weite Schatten werfen.“ Auch die Zeichnungen, die im „Sternenboten“ abgedruckt waren, zeigten, dass der Mond keineswegs aus „himmlischer Substanz“ bestand, sondern der Erde in vielem ähnlich war.

Ein ständiges Rätsel für die Astronomen war die Milchstraße gewesen, die man bisher für eine Art Nebel gehalten hatte. Unter Galileis Augenglas löste sie sich in Abertausende von Sternen auf. Es gab also viel mehr Himmelskörper, als man mit bloßem Auge wahrnehmen konnte – ein einfaches Gerät machte verborgene Welten sichtbar.

Durch den „Sternenboten“ wurde Galilei auf einen Schlag berühmt. Nicht nur in Prag – in ganz Europa sprach man von seinen Entdeckungen. Manche feierten sie begeistert, andere schenkten Galilei keinen Glauben.

Sie sagten: „Was blickt er mit seinem Gerät zum Himmel? Warum meint er, etwas Neues entdecken zu können? Er muss doch nur die alten Schriften durchblättern – darin steht alles, was man wissen muss und kann." Weil Aristoteles und Ptolemäus nicht lehrten, was Galilei gesehen hatte, konnte es nicht stimmen!

Die Gegner Galileis hatten noch ein anderes Argument: „Wer weiß, ob sein Augenglas die Wahrheit zeigt? Galilei hat vermutlich Spiegelungen darin gesehen. Es sind Fernrohrgeister, die Trugbilder produzieren!"

In all diesen Streitereien hatte Galilei einen großen Fürsprecher: den kaiserlichen Mathematiker und Hofastronomen Johannes Kepler. Der war fasziniert von Galileis klarem, wissenschaftlichem Stil und schenkte ihm volles Vertrauen. In wenigen Tagen verfasste er eine Verteidigungsschrift, die „Unterredung mit dem Sternenboten".

Natürlich hätte Kepler alles gerne mit eigenen Augen überprüft. Er schrieb nach Padua und bat Galilei um ein Fernrohr; leider erhielt er keine Antwort. Erst Wochen später bekam der kaiserliche Mathematiker eines vom Erzherzog von Köln geliehen – und jetzt öffnete sich der Himmel auch ihm. Unter anderem sah Kepler die vier winzigen Lichtpunkte, die wie Monde den Planeten Jupiter umkreisen. „Galilei, du hast gesiegt!", rief er aus – und veröffentlichte gleich ein zweites Buch.

Jetzt war es an der Zeit, das Instrument, das diese Entdeckungen möglich gemacht hatte, zu erforschen. Wie funktionierte das Fernrohr? Konnte man es verbessern? Schon früher hatte sich Kepler Gedanken zum Sehvorgang gemacht. Jetzt wandte er diese

Überlegungen auf das Fernrohr an und untersuchte, was passiert, wenn Lichtstrahlen auf eine Linse treffen. Kepler erfand dazu neue Begriffe. Er sprach vom reellen und virtuellen Bild, von Bild- und von Gegenstandsweite und so weiter. Es sind Fachwörter, die heutzutage jeder Physikstudent lernen muss. Kepler stellte in kürzester Zeit eine neue Wissenschaft auf, weshalb man ihn auch „Vater der Optik" nennt.

Ein praktisches Ergebnis dieser Wissenschaft war das sogenannte „Keplersche Fernrohr". Während Galileis Fernrohr aus einer Sammel- und einer Zerstreuungslinse bestand, verwendete man für das „Keplersche Fernrohr" zwei Zerstreuungslinsen. Es eignete sich besonders für astronomische Beobachtungen und wird heute noch dafür benutzt.

Die Entdeckungen am Himmel und die Erschaffung der optischen Wissenschaft waren weitere Höhepunkte in Keplers Leben – und das, obwohl Kepler kurz zuvor in einer tiefen Depression gesteckt und geglaubt hatte, dass alles zu Ende sei. Er selbst sah dies als ein Geschenk Gottes an und schrieb: *„Wen ließe die Kunde von so bedeutenden Dingen schweigen? Wen erfüllte nicht der Reichtum göttlicher Liebe ...?"* Ja, er war dankbar, miterleben zu dürfen, wie Dinge, die Jahrtausende lang verborgen gewesen waren, nun zum Vorschein kamen.

Sternförmige Nichtse

„Ich habe ein Ding, das kleiner ist als irgendein Tropfen, und das doch eine Form besitzt." (Johannes Kepler)

Im Winter 1611 spazierte Kepler über die Karlsbrücke in Prag, als es zu schneien anfing. Zahlreich setzten sich die Schneeflocken auf seinen Mantel, Kepler blieb stehen. Anstatt die Ankömmlinge abzuschütteln, beugte er sich zu ihnen und schaute sie genauer an. „Sie tragen die Ähnlichkeit der Sterne an sich", dachte er. „Ich will die Gelegenheit nutzen und mich dieser kleinen, flüchtigen Dinger annehmen."

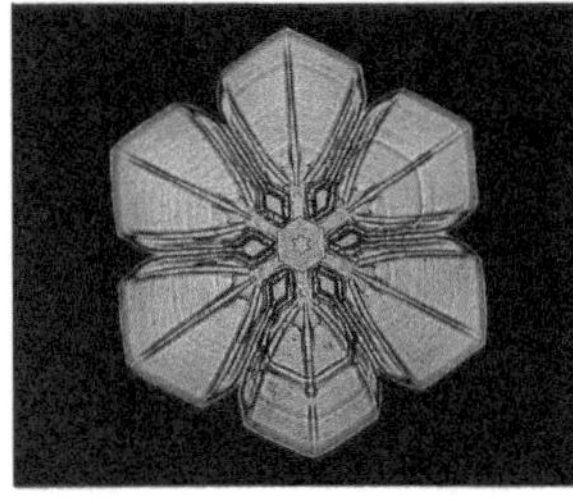

Abb. 13: Schneekristall

Da die Schneeflocken noch ganz frisch und unverklebt waren, konnte der Astronom mit bloßem Auge die einzelnen Kristalle unterscheiden. Er erkannte: Jeder Kristall sah anders aus, hatte seinen ganz eigenen, persönlichen Aufbau. Im Schnee herrschte unendlicher Formenreichtum!

Kepler erkannte aber auch, dass die Kristalle, so verschieden sie waren, alle einem Sechseck ähnelten. Und so stellte er die für ihn typische Frage: „Woher kommt diese sechseckige Struktur?"

Kepler versuchte, sich die Entstehung eines Schneekristalles vorzustellen. „Schon zu Beginn muss ein Sechseck da sein – wie ein winziger, uns unsichtbarer Bauplan. Während der Kristall wächst, bildet er die unterschiedlichsten Formen aus. Seine Verwandtschaft zum Sechseck aber kann er nie verleugnen, er behält seine Sechseckigkeit bei."

Warum aber hat sich der Schnee für einen sechseckigen Bauplan entschieden? Warum bildet sich nicht auch mal ein vier-, fünf-, sieben- oder achteckiger Schneekristall? Das würde man bei einer zufälligen Entstehung schließlich erwarten. Die Sechseckigkeit musste gewisse Vorteile haben, und diese wollte Kepler herausfinden.

Abb. 14: Bienenwabe

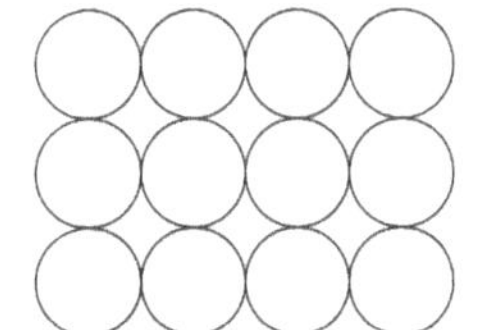

Abb. 15: Struktur mit Kreisen

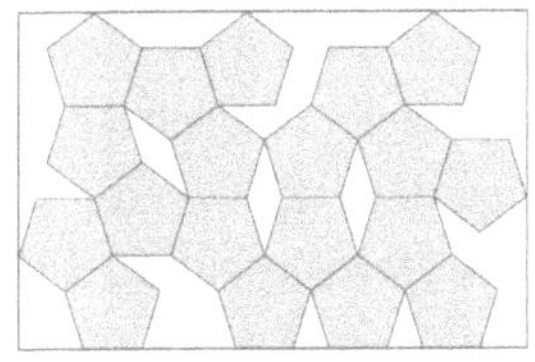

Abb. 16: Struktur mit Fünfecken

Dazu wandte er seinen Blick vorerst vom Schnee ab und überlegte, wo es in der Natur noch Sechsecke gibt.

Ja, natürlich – Bienen bauen ihre Waben, in denen sie Pollen und Honig lagern, sechseckig. Und wer einen Granatapfel aufschneidet, sieht, dass die Kerne in Sechsecken angeordnet sind. Aber warum wächst ein Granatapfel so und nicht anders? Warum kommen die Bienen nicht auf die Idee, die Form ihrer Waben abzuändern?

Denkbar wären kreisförmige Waben. Kreise haben den Vorteil, dass sie sehr stabil sind. Von Nachteil ist allerdings, dass man mit ihnen eine Fläche nicht lückenlos ausfüllen kann. Es würden Hohlräume zwischen den Waben bleiben, durch die kalte Luft eindringen kann.

Den gleichen Nachteil hätten die meisten anderen Wabenformen. So können auch Fünf- oder Siebenecke die Fläche nicht lückenlos ausfüllen. Außer mit Sechsecken ist das nur noch mit Drei- oder Vierecken möglich! Nur bei diesen Wabenformen kann jede Wand gleichzeitig von einer Nachbarwabe genutzt werden.

Trotzdem verzichtet die Biene auf drei- oder viereckige Waben, weil diese zu instabil wären! Das Sechseck jedoch ähnelt schon sehr dem Kreis und weist deshalb, neben allen anderen Vorzügen, auch noch eine sehr große Stabilität auf.

Nach diesen Überlegungen wandte sich Kepler wieder den Schneekristallen zu. „Es wird ähnlich sein wie bei den Bienenwaben“, dachte er. „Das Material, aus denen sie bestehen, wird bei der sechseckigen Bauweise am sparsamsten genutzt, gleichzeitig wird größtmögliche Stabilität erzielt.“ Mit dieser Erkenntnis kam Kepler modernen Erklärungen, die die Struktur der Wassermoleküle berücksichtigen, schon sehr nahe.

Er fasste seine Überlegungen in einem Brief zusammen, den er an seinen Freund Wackher von Wackenfels schickte, in dem er seine Überlegungen etwa so ausdrückte: „Es ist, trotz aller Erklärungen, ein Wunder, dass sich die Bausteine der Natur zu solch schönen, vollkommenen Mustern anordnen, die zudem nützlich und überlebenswichtig sind. Auch daran sieht man Gottes Schöpferhand.“

Nebenbei beschäftigt sich dieser Brief mit einem Problem, das auf den ersten Blick nichts mit Schnee zu tun hat: Wie bekommt man möglichst viele Kanonenkugeln in einen Schiffsraum? Wie kann man sie möglichst platzsparend stapeln? Kepler vermutete, dass eine „hexagonale" Stapelweise die optimale ist. Also auch hier tauchen Sechsecke auf! An dieser „Keplerschen Vermutung" haben sich seither unzählige Mathematiker die Zähne ausgebissen. Sie konnte erst in jüngster Zeit mithilfe von Computern bewiesen werden.

Abschied

„Warum erzähle ich das alles? Bin ich der Einzige, der vom Schicksal so grausam geschlagen wurde?" (Johannes Kepler)

Die Prager Zeit brachte Kepler nicht nur zahlreiche Früchte auf geistigem Gebiet – auch in seiner Familie gab es Zuwachs. 1602 kam Tochter Susanna zur Welt, 1604 der Sohn Friedrich und 1607 noch ein Sohn, der Ludwig genannt wurde. Die Eltern hingen sehr an ihnen. In Graz waren ihnen zwei Kinder früh gestorben, umso mehr sahen sie jetzt ihre Nachkommen als wertvolle Geschenke an.

Im Jahr 1611 kam eine gefährliche Bedrohung über das Land – die Pocken. Dieser hochansteckenden Krankheit fielen in früheren Jahrhunderten Tausende von Menschen zum Opfer. Sie verursachte heftiges

Fieber und ließ auf der Haut eitrige Bläschen entstehen. Die wenigen, die davon genasen, blieben lebenslang von Narben gezeichnet. Auch Kepler wäre in seiner Kindheit beinahe an den Pocken gestorben – jetzt waren seine Kinder an der Reihe. Eines nach dem anderen erkrankte. Frau Barbara pflegte die Kleinen mit ganzer Hingabe, und tatsächlich wurden Susanna und Ludwig wieder gesund. Friedrich aber, der noch dazu Keplers Lieblingssöhnchen war, starb.

Die Eltern waren untröstlich. Barbara konnte nichts anderes mehr tun, als an den Verlust ihres Kindes zu denken. Währenddessen stürmten neue Sorgen auf Kepler ein. Kaiser Rudolf hatte Truppen angeworben, um sich gegen seinen rebellierenden Bruder Mathias zu wehren. Es kam zu blutigen Kämpfen. Schließlich gewann Mathias die Oberhand – Rudolf wurde abgesetzt.

Damit war endgültig klar, dass Kepler nicht in Prag bleiben konnte. Er musste handeln. Da man ihn weder in Tübingen noch an anderen Universitäten haben wollte, machte er sich auf den Weg nach Linz. In dieser Stadt hatten ihm einflussreiche Freunde eine Stelle als Lehrer und Landschaftsmathematiker angeboten.

„Muss ich also meine angesehene Stellung verlassen und wie damals in Graz unwillige Bürgersöhne in Mathematik unterrichten?“ Kepler blieb nichts anderes übrig. Aber man versprach, dass die Lehrtätigkeit nur ein kleiner Teil seiner Arbeit sein werde. Vor allen Dingen sollte er aus den Beobachtungen Tycho de Brahes die geplanten astronomischen Tafeln erstellen, außerdem eine Landkarte Oberösterreichs.

Noch aus einem anderen Grund war ein Umzug nach Linz wünschenswert. Keplers Frau hatte sich in der gehobenen Welt Prags nie zu Hause gefühlt. „In Linz wird sie ihrer Heimat näher sein", dachte Johannes. „Da leben Menschen, die ihre Sprache sprechen, die denken und fühlen wie sie."

Kepler sagte also zu und machte sich frohgemut auf die Reise nach Hause. Doch dort erwartete ihn neues Leid. Seine Frau hatte sich während seiner Abwesenheit um verwundete Soldaten gekümmert und sich dabei mit dem ungarischen Fleckfieber angesteckt, eine Seuche, die besonders in Kriegszeiten grassierte.

Kepler konnte nicht mehr viel mit ihr reden. Als man der Kranken ein neues Hemd anlegte, fragte sie verwirrt: *„Ist das das Kleid des Heils?"* Dann schlief sie für immer ein.

Kepler war tieftraurig. Ihre Ehe war zwar nicht immer harmonisch gewesen – besonders wegen finanzieller Probleme hatte es oft Streit gegeben. Dennoch hatte der Astronom seine Frau geliebt und auch bewundert. Er schrieb einen Nachruf auf sie, in dem er ihr heiteres Gemüt, ihre Frömmigkeit und Nächstenliebe rühmte.

Kepler konnte Prag nicht sofort verlassen. Der entmachtete Kaiser wollte seinen Mathematiker, besonders wegen seines Rates in astrologischen Fragen, in nächster Nähe behalten. Kepler harrte aus, bis Rudolf im Januar 1612 starb. Er hatte dem Monarchen eine Menge zu verdanken, auch wenn der es mit Gehaltszahlungen nie so genau genommen hatte. An Rudolfs Hof wurden konfessionelle Unterschiede geduldet, Wissenschaftler durften in Freiheit ihre Studien betreiben. Hier hatten Tycho de Brahe und Kepler Zuflucht gefunden und die moderne Astronomie begründen können. Deshalb sollten die astronomischen Tafeln, an denen Kepler arbeitete, eines Tages „Rudolfinische Tafeln" heißen.

Der neue Kaiser bestätigte Kepler in seiner Funktion als kaiserlicher Mathematiker, wie es auch sein Nachfolger tun würde. Kepler durfte also den begehrenswerten Titel behalten und immer wieder Aufgaben für den Hof erledigen. Eine Anwesenheit in der Residenzstadt war dazu nicht erforderlich.

Da ihn also nichts mehr in Prag hielt, ließ Kepler seinen Hausrat, seine Manuskripte packen, und in Begleitung von Susanna und Ludwig – die Stieftochter Regina hatte bereits geheiratet und war nicht dabei – machte er sich auf den Weg in Richtung Süden. Unterwegs hielt er bei einer befreundeten Familie. „Hier sollt ihr zur Pflege bleiben, bis ich die Möglichkeit habe, euch nachzuholen", sagte er zu seinen Kindern. Schweren Herzens verabschiedete er sich von ihnen und reiste allein weiter. Als einsamer Mann kam er in Linz an.

Der Ausschluss

„Aber ich möchte in Gewissensdingen wirklich nicht zum Heuchler werden.“ (Johannes Kepler)

In Linz war vieles gewöhnungsbedürftig. Neben seiner Familie vermisste Kepler auch seine Freunde – so den Hofrat von Wackenfels, mit dem er immer über wissenschaftliche Fragen diskutiert hatte. Nein, hier gab es niemanden, mit dem man tiefer gehende Gespräche führen konnte; Linz war nicht Prag mit seinem regen geistigen Leben.

Aber es gab etwas anderes, das Kepler wichtig und teuer war: sein Glaube an Gott. Trotz allem, was in der letzten Zeit passiert war, hielt er mit ganzem Herzen an ihm fest. Kepler war überzeugt, dass ihm Gott auch in dieser fremden Stadt beistehen würde. Außerdem gab es auch hier Menschen, die seinen Glauben teilten, und Kepler sehnte sich nach Gemeinschaft mit ihnen.

Also wandte er sich an Daniel Hitzler, den Pfarrer der lutherischen Gemeinde, der gleichzeitig Inspektor der Schule und damit Keplers Vorgesetzter war. Hitzler war fünf Jahre jünger als Kepler, hatte ebenfalls in Tübingen studiert und dort die lutherische Theologie in aller Gründlichkeit in sich aufgesogen. So war er mit sämtlichen Kenntnissen ausgestattet, die sein Amt erforderte.

Der Astronom und der Pfarrer kamen ins Gespräch. „Es ist mir ein Bedürfnis, am Abendmahl der hiesigen Gemeinde teilzunehmen“, sagte Kepler, „und ich bitte Euch um Zulassung.“ Hitzler hatte schon eine Menge von dem Gelehrten gehört und wusste, dass er es in Glaubensfragen nicht ganz so hielt, wie es die Kirchenbehörde vorschrieb.

Kepler, der ein ehrlicher Mensch war und nichts verheimlichen wollte, kam von selbst darauf zu sprechen. „Ich will Euch nicht vorenthalten, dass es mir schwerfällt, die Calvinisten zu verdammen. Ihre Abendmahlslehre kommt meiner Meinung nach der Wahrheit ziemlich nahe."

Der Calvinismus war eine der Glaubensrichtungen, die sich in der Reformation gebildet hatten. Ihre Anhänger folgten der Lehre des Reformators Johannes Calvin, die in einigen Punkten von der Lehre Luthers abwich. Zum Beispiel fassten sie das Abendmahl als eine rein symbolische Handlung auf, während die Lutheraner meinten, dass Christi Leib und Blut tatsächlich in Brot und Wein gegenwärtig seien.

„Wenn Ihr bei uns am Abendmahl teilnehmen wollt, müsst Ihr Euch auch zur lutherischen Abendmahlslehre bekennen." Hitzler legte Kepler die Konkordienformel vor, eine Schrift, in der genau stand, was ein Lutheraner zu glauben hatte. „Unterschreibt das, und ich werde Euch zum Abendmahl zulassen."

Kepler konnte das nicht vorbehaltlos tun. Die strengen Urteile über die Calvinisten, die in der Konkordienformel standen, brachten ihn in Gewissensnot. *„Ich werde über die Brüder nicht richten, denn ob sie nun stehen oder fallen, es sind meine Brüder im Herrn."* Er unterschrieb nicht – und Hitzler verweigerte ihm die Teilnahme am Abendmahl.

Das konnte der Gelehrte nicht auf sich sitzen lassen. Ein Ausschluss vom Abendmahl hatte soziale Folgen; Kepler wurde damit zum Ketzer gestempelt, zum Querulanten und Aufrührer. All das wollte er nicht sein. Er wollte nur zu dem stehen, was er als wahr erkannt hatte, und mit seiner Unterschrift nicht zum Heuchler werden.

In einem langen Brief schilderte er seine Not dem Stuttgarter Konsistorium, der Kirchenbehörde, die für Glaubensfragen zuständig war. Kepler hoffte, dass diese Leute Verständnis für ihn aufbringen und eine Zulassung zum Abendmahl durchsetzen würden. Doch weit gefehlt! Die Stuttgarter stellten sich ganz auf Hitzlers Seite und bestätigten seine Entscheidung. Mehr noch: In einem Rundschreiben teilten sie auch den anderen lutherischen Gemeinden mit, dass Johannes Kepler vom Abendmahl ausgeschlossen sei.

Kepler litt unter dieser Situation. Man hatte ihn von dem, was ihm teuer und heilig war, getrennt. Er, der aufrichtig und mit größter Leidenschaft Gott suchte, wurde wie ein Ungläubiger behandelt.

Sieben Jahre später unternahm Kepler einen erneuten Anlauf, um zum Abendmahl zugelassen zu werden. Er bat den befreundeten Tübinger Professor Matthias Hafenreffer, beim Stuttgarter Konsistorium ein gutes Wort für ihn einlegen: *„In dieser Hoffnung stehe ich immer noch untertänig vor Euch und bitte Euch, Ihr mögt in dieser Sache um Christi willen, dessen Glied ich zu sein hoffe und als dessen Glied ich auch von anderen gehalten zu werden wünsche, mein Fürsprecher sein …“*

Nach einigen Wochen kam ein Antwortschreiben, das Kepler mit zitternder Hand öffnete. Wie würde der Bescheid lauten? Würde er endlich wieder Teil der Gemeinde sein dürfen? Er las: *„Ihr mögt entweder von Euren irrtümlichen und falschen Hirngespinsten ablassen und die göttliche Wahrheit demütigen Glaubens umfassen oder die Gemeinschaft unserer Kirche und unseres Bekenntnisses meiden."* Es folgten noch einige Erklärungen und Ermahnungen, dann die Unterschriften aller Mitglieder der theologischen Fakultät, einschließlich derjenigen Hafenreffers.

Das war das letzte Wort der Kirchenbehörde, damit war die Tür ein für alle Mal zugeschlagen. Der Gedemütigte aber zeigte Größe: Kein Wort des Grolls gegen seine Widersacher kam über seine Lippen. Als Kepler von katholischer Seite nahegelegt wurde, er solle, nach alldem, was ihm seine Kirche angetan habe, den Glauben wechseln, lehnte er ab: „Aus ihrer Sicht taten sie das Richtige. Sie mussten so entscheiden." Diese Haltung galt auch Daniel Hitzler, den Kepler weiterhin achtete und als Bruder in Christus ansah.

Das Geburtsjahr Christi

„Christlicher Leser, es ist kein unnötiger Vorwitz, dass ein Christenmensch mit ganzem Fleiß und nach Möglichkeit seines Verstandes ausrechnet, zu welcher Zeit eigentlich unser Herr und Heiland Jesus Christus geboren sei und in welchem Jahr seines Alters Er seinen heiligen Leib zum Opfer für der Welt Sünde dargegeben und sein Blut vergossen habe." (Johannes Kepler)

Zu Beginn des 6. Jahrhunderts dachte Abt Dionysius Exiguus über Fragen der Zeitrechnung nach. Besonders die Geburt Jesu Christi beschäftigte ihn. „Dieses Ereignis hat die Welt verändert, mit Christus brach ein neues Zeitalter an. Warum also zählen wir die Jahre immer noch nach der Herrschaft des Kaisers Diokletian?"

Tatsächlich hatte Diokletian mit seinen Reformen dem Römischen Reich seinen Stempel aufgedrückt, hatte Verwaltung, Wirtschaft und das Militär neu geordnet, weshalb man sich noch lange an ihn erinnerte. „Im soundsovielten Jahr nach der Herrschaft des Diokletian" sagte man auch noch im frühen Mittelalter, als Dionysius Exiguus lebte.

„Diokletian war Heide", überlegte der Abt, „er hat die Christen bis aufs Blut verfolgt. Ich möchte nicht ständig an ihn denken, wenn ich eine Jahreszahl sage. Nein, diese Ehre gebührt allein unserem Erlöser Jesus Christus. Wir sollten unsere Zeitrechnung anpassen und die Jahre ab seiner Geburt zählen."

Damit dies möglich war, musste erst einmal der genaue Zeitpunkt von Christi Geburt bestimmt werden.

Abt Dionysius setzte sich an die Bücher; er rechnete und fand heraus, dass Christus vor 525 Jahren geboren wurde. „Wir haben jetzt also das Jahr 525 nach Christi Geburt – und das nächste Jahr soll das Jahr 526 nach Christi Geburt heißen – und so weiter."

Es dauerte einige Zeit, bis diese Regelung allgemein angenommen wurde, aber spätestens ab dem 9. Jahrhundert war sie in ganz Europa üblich – die Beamten in den Ratshäusern benutzten sie, die Priester in den Kirchen, die Geschichtsschreiber, die Kaufleute, die Handwerker, die Bauern. Jedes Mal, wenn sie eine Jahreszahl nannten, wurden sie an die Geburt des Erlösers erinnert.

Doch mit der Zeit kam der Verdacht auf, dass Dionysius bei seinen Berechnungen Fehler gemacht hatte und der Beginn der Zeitrechnung nicht mit Christi Geburt übereinstimmte. Aber wie groß war dieser Fehler?

Johannes Kepler, der seit einigen Monaten in Linz wohnte und bisher noch keine rechte Ruhe zum Arbeiten gefunden hatte, wollte sich jetzt dieser chronologischen Frage widmen. Schließlich ging es um das Leben seines Heilandes, das war Anreiz genug! Er beschloss, der Sache auf den Grund zu gehen.

Das hieß zuallererst Quellenstudium. Die wichtigste Quelle in dieser Frage war das Neue Testament. Wie gut, dass Kepler Altgriechisch beherrschte und die Berichte der Evangelisten im Original lesen konnte! Hier fand er Hinweise auf die Männer, die zur Zeit von Christi Geburt an der Macht waren: In Rom herrschte

Kaiser Augustus, in Syrien der Statthalter Quirinius, und König von Judäa war der berüchtigte Herodes.

Dann durchforschte Kepler die römischen Autoren jener Zeit. Besonders interessant war der Geschichtsschreiber Josephus Flavius, der berichtete, dass sich im Todesjahr von König Herodes in Judäa der Mond verfinstert habe.

Eine Mondfinsternis? Johannes Kepler war Astronom und Experte für solche Himmelserscheinungen. Sofort machte er sich daran, diese Aussage nachzuprüfen. Mithilfe von Tabellen, in denen vergangene Positionen von Himmelskörpern aufgezeichnet waren, berechnete er, dass sich besagte Mondfinsternis im Jahr 4 vor Beginn unserer Zeitrechnung ereignet haben musste.

Im Jahr 4 also starb König Herodes. Da die Evangelien berichten, dass Christus während der Regierungszeit des Herodes geboren wurde, musste dies also im Jahr 4 oder früher geschehen sein. Wenn man außerdem bedenkt, dass König Herodes alle Kinder in Bethlehem, die bis zwei Jahre alt waren, töten ließ, weil er vermutete, dass der angekündigte König der Juden dieses Alter hatte, so ist es wahrscheinlich, dass Jesus bereits im Jahr 6 oder 7 vor Beginn unserer Zeitrechnung zur Welt kam. Zu sagen „Im Jahr 1613 nach Christus" bedeutete also nicht 1613 Jahre nach Christi Geburt, sondern ungefähr 1613 Jahre nach der Feier seines sechsten Geburtstages.

Diese Erkenntnisse fasste Kepler in der Schrift „Über das Geburtsjahr Christi" zusammen. Es war die erste wissenschaftliche Veröffentlichung in seiner Linzer Zeit, die allerdings fernab in Straßburg gedruckt wurde. Was er herausgefunden hatte, ist bis heute Meinung der Geschichtsschreiber und Theologen geblieben.

Nummer fünf

„Konnte nun mein unruhiges Herz es nicht anders lernen, mit seinem Schicksal zufrieden zu sein als dadurch, dass es die Unmöglichkeit einsieht, dass nicht alle Wünsche auf einmal zu erfüllen sind?“ (Johannes Kepler)

Kepler war nun 41 Jahre alt. „Die Höhe des Mannesalters habe ich bereits überschritten“, gestand er, „mein Leib ist ausgetrocknet, meine Leidenschaften sind erloschen.“ Dennoch wollte er nicht allein bleiben. Er wünschte sich eine Frau, die sich um ihn, um seinen Haushalt und vor allem um seine Kinder kümmerte. Also fing er an, die Fühler auszustrecken. Wie damals üblich, halfen ihm seine Freunde und hielten nach heiratswilligen Frauen Ausschau. Alle waren einer Meinung: Keplers Zukünftige durfte nicht irgendwer sein. Wichtig waren ein guter Ruf, eine vornehme Herkunft und eine akzeptable materielle Situation.

Die Suche zog sich über zwei Jahre hin. Kaum war eine gute Partie in Sicht und die erste Kontaktaufnahme erfolgt, kamen dem Astronomen Zweifel. „Ist sie wirklich die für mich bestimmte Frau?“ Er begann, Vor- und Nachteile abzuwägen und Vergleiche anzustellen. Ähnlich wie bei der Erforschung der Planetengesetze tappte er lange Zeit im Dunkeln. Dabei ging es Kepler auch hier um die Ergründung des Willens Gottes. Er schrieb dazu an einen Freund: *„Kann ich wohl Gott, den ich bei der Betrachtung des Weltalls geradezu mit Händen greife, auch in mir selbst finden?“* In diesem Brief berichtet Kepler ausführlich über seine Erfahrungen bei der Brautsuche und gibt zur Übersichtlichkeit jeder der elf infrage kommenden Kandidatinnen eine Nummer.

Nummer 1 war eine Witwe, die bereits zwei erwachsene Töchter hatte und deshalb nicht frei über ihr Vermögen bestimmen konnte. Von ihrem übel riechenden Atem schloss Kepler auf eine schlechte Gesundheit, dazu kam ein zweifelhafter Ruf in Sachen Religion. Kepler wurde klar: „Nichts gefällt mir an ihr. Daraus kann nichts werden.“

„Warum nehmt Ihr nicht eine Tochter der Witwe?“, schlug jemand vor. Kepler war bestürzt über den unschicklichen Plan. Dennoch erkundigte er sich über diese Kandidatin Nummer 2. Als klar wurde, dass die Tochter zu jung und unerfahren war, um einen Haushalt zu führen, entschied er sich dagegen.

Nummer 3 war eine *„Jungfrau aus Böhmen“*, die eine Zeit lang auf Keplers Kinder aufgepasst hatte und diese sehr mochte. Waren das nicht beste Voraussetzungen für eine Vereinigung? Trotzdem zerschlug sich alles aus unerfindlichen Gründen.

Während Kepler über Nummer 4, eine große Frau mit athletischem Körperbau, nachdachte, trat Nummer 5 auf den Plan: eine arme Waise, die versprach, bescheiden, sparsam und fleißig zu sein. Kepler spürte aufrichtige Liebe in ihr – seine Freunde aber rieten ab. „Dieses Mädchen hat weder Rang noch Reichtum. Es ist keine geeignete Frau für Euch!“ Sie drängten Kepler zu Nummer 4. Die aber hatte genug vom ständigen Hin und Her und heiratete einen anderen.

So ging es weiter. Keplers Stieftochter brachte Nummer 6 ins Spiel, eine vornehme Person mit guter Mitgift. Aber würde die Hochzeit mit ihr nicht zu teuer werden? Und während er darüber nachdachte, begann ihm die zurückgelassene Nummer 5 leidzutun.

Mit Nummer 7, einer Frau von Rang und schöner Erscheinung, wurde es auch nichts, und so langsam musste der Gelehrte Nägel mit Köpfen machen. Schon kam er ins Gerede; die Leute machten sich lustig über ihn. Also wandte er sich Nummer 8 zu – die allerdings selbst unentschlossen war. Siebenmal gab sie ihr Jawort, siebenmal zog sie es wieder zurück. Kepler ließ sie fahren ...

Nummer 9 hätte er, trotz Lungenkrankheit, gern genommen. Um ihre wahren Gefühle kennenzulernen, wendete der Wissenschaftler ein etwas außergewöhnliches Verfahren an: Er tat so, als ob er sie nicht liebe. Kein Wunder, dass die Sache zerbrach!

Für Nummer 10 sprachen vornehmer Stand und Vermögen. Ihre äußere Erscheinung aber schreckte Kepler ab. „Was würde das für ein Bild abgeben? *Ich dünn, ausgetrocknet und mager; sie kurz und fett ...*“

Kepler hoffte, mit Nummer 11 endlich fündig geworden zu sein. Von dieser Kandidatin hatte er schließlich nur Gutes gehört: Sie sei vornehm, wohlhabend und sparsam. Kepler schrieb, wartete vier Monate auf Antwort – und schließlich kam heraus, dass sie zu jung für eine Ehe war.

Auf diese Weise taten sich Hoffnungen auf und zerplatzten wieder. Der Suchende wurde in alle möglichen Richtungen gezerrt, und er fragte sich, ob eigene Schuld oder Gottes Vorsehung dahintersteckte. *„Warum hat es Gott zugelassen, dass ich mich mit einem Plan beschäftige, der keinen erfolgreichen Ausgang nehmen durfte?“*

Neben all diesen nervenaufreibenden Bemühungen war Kepler auch wissenschaftlich tätig. Im Juli 1613 sollte er auf dem Reichstag in Regensburg den Kaiser wegen der immer noch nicht abgeschlossenen Kalenderreform beraten. Doch bevor er abreiste, sah Kepler, der in Kalenderfragen eine klare Meinung hatte, auch in der Heiratsfrage ein Licht. Hatte der Astronom die Antwort nicht schon längst vor sich gehabt? Er musste nur zu ihr zurückkehren! Ja, das wollte er nun unbedingt tun! Entgegen dem Rat seiner Freunde suchte er Kandidatin Nummer 5 auf und gab ihr, die weder Rang noch Geld noch Familie hatte, sein Jawort. Am 30. Oktober 1613 schlossen dann Johannes Kepler und die 17 Jahre jüngere Susanna Reuttinger den Bund der Ehe.

Kepler trauerte keiner der anderen Kandidatinnen nach. Auch wenn diese in mancher Hinsicht bessere Partien gewesen wären, so hatten die unzähligen Irrwege Kepler gezeigt, dass es auf etwas anderes ankam:

„Ihr seht, wie die göttliche Vorsehung mich in derartige Verlegenheiten trieb, damit ich lerne, vornehmen Stand, Reichtum und Herkunft zu verachten ...“

Susanna hatte andere Tugenden. Sie hielt ihr Versprechen, war sparsam, bescheiden und voller Liebe zu ihrem Stiefsohn Ludwig und ihrer Stieftochter und Namensvetterin Susanna. Kepler rühmte ihre Bereitwilligkeit, alles zu lernen, was ihr noch fehlte. Mit Geschick und Tatkraft fand sie sich in ihrer neuen Rolle als Ehefrau und Mutter ein. In ihr hatte der Astronom die Richtige gefunden! Es wurde, allen Warnungen zum Trotz, eine harmonische Ehe.

Was fasst ein Fass?

„Ich bereue das Opfer nicht, denn es ist ja ganz unmöglich, dass eine Arbeit, wenn sie sich keine Zeit kosten ließ, den Preis der Unsterblichkeit davonträgt.“
(Johannes Kepler)

Das Einsiedlerleben war also vorbei. Dank seiner Frau Susanna, die sich nun um den Haushalt kümmerte, konnten die zurückgelassenen Kinder nach Linz ziehen. Kepler war froh über die Gemeinschaft. Der Familie hielt er abends Andachten, den Sohn unterrichtete er in Latein. Außerdem schaffte er all die Dinge an, die Frau und Kinder zum Leben brauchten, und auch für eventuellen Besuch sorgte er vor.

Dazu gehörte ein angemessener Weinvorrat. Gerade in diesem Jahr war die Weinernte reichlich gewesen, der Wein zu einem guten Preis erhältlich. So ließ sich Kepler ein paar Eichenfässer in den Keller bringen. Sie hatten die typische Fassform: Vorne und hinten schmaler als in der Mitte, wo sich die Dauben zu einem Bauch wölbten. An höchster Stelle befand sich das Spundloch, durch das man das Fass befüllen konnte.

Wie viel Wein würde in so ein Fass passen? Wie konnte man seinen Inhalt bestimmen? Die Antwort erscheint einfach: Man nimmt ein Gefäß mit bekanntem Volumen, zum Beispiel einen 5-Liter-Eimer, und befüllt damit das Fass. Aus der Anzahl der benötigten Eimer kann man dann durch Multiplikation das Fassvolumen errechnen.

Ganz einfach – aber langwierig. Gab es keine raschere Methode?

Der Weinhändler, der persönlich in Keplers Haus kam, um zu sehen, wie viel Wein er liefern musste, trat an ein Fass, steckte eine Latte durch das Spundloch – und sagte: „Fünfundzwanzigeinhalb Schenkeimer!" Eine Skala auf der Latte hatte ihm das Volumen verraten.

Abb. 17: Vermessung eines Fasses

Kepler staunte. Ging das mit rechten Dingen zu? War es möglich, dass eine einzige Messung das richtige Ergebnis lieferte? Sein mathematischer Ehrgeiz war entfacht. Er setzte sich hin und zeichnete ein Fass aufs Papier. Er verglich seine Form mit Körpern, die er aus der Geometrie kannte. Er versuchte, das Fass in kleine, einfache Stücke zu zerlegen. Und er las selbstverständlich nach, was Archimedes, der Experte aus dem Altertum, darüber geschrieben hatte.

Mit den Methoden der modernen Mathematik hätte man das Problem wohl einigermaßen rasch lösen können, doch die waren damals unbekannt. Kepler musste sich etwas einfallen lassen. Nach einigem Herumprobieren fand er einen Trick, der ihn zur sogenannten „Keplerschen Fassregel" führte. Diese Formel ermöglichte es ihm, das Volumen verschiedenster Gebilde zu berechnen – Gebilde mit Apfel-, Quitten-, Zwetschgen-, Oliven- oder Zitronenform. Auch auf die im Keller gelagerten Weinfässer konnte Kepler die Formel anwenden und zeigen, dass der Weinhändler recht hatte.

Das waren nun sehr nützliche Ergebnisse, und Kepler wollte sie in einer lateinischen und einer kürzeren deutschen Schrift der Öffentlichkeit zur Verfügung stellen. Wo aber sollte er sie drucken lassen? Er versuchte es in der Stadt Augsburg, doch den dortigen Druckermeistern war das Projekt zu riskant.

Wenn nur eine Möglichkeit bestände, das Werk in Linz herauszugeben! Leider war dort niemand zu einem solchen Unternehmen in der Lage. Doch Kepler fand Hilfe. Er überzeugte den befreundeten Johannes

Planck, von Erfurt nach Linz zu ziehen und eine Druckerei aufzubauen. Hier nun erblickten im Jahr 1615 die „Neue Stereometrie der Weinfässer“ und die „Messkunst des Archimedes“ das Licht der Welt. Es waren die ersten Bücher, die in der oberösterreichischen Hauptstadt gedruckt wurden – Bücher, in denen der aufmerksame Leser erste Ideen zur Integralrechnung findet, die heutzutage jeder Abiturient lernen muss.

Keplers Vorgesetzte waren nicht sonderlich angetan davon. Dass in diesen Werken mathematisches Neuland betreten wurde, interessierte sie wenig. Für solche wissenschaftlichen Ausflüge hatten sie ihren Landschaftsmathematiker nicht angestellt. Sie genehmigten ihm zwar einen Druckkostenzuschuss von 150 Gulden, ermahnten ihn aber, sich um seine eigentlichen Aufgaben zu kümmern – die Erstellung der astronomischen Tafeln und einer Karte Oberösterreichs.

Anwalt seiner Mutter

„Es ist unglaublich, mit welchen Folterqualen mein armer Ruf gemartert worden ist.“ (Johannes Kepler)

Die Verleumdungsklage

Graz, Prag, Linz – Johannes Kepler führte ein bewegtes Leben. Wie erging es währenddessen seiner Familie in Württemberg?

Wie wir wissen, war sein Vater schon vor Jahren in den Krieg gezogen und nicht wieder heimgekehrt. Auch der an Epilepsie erkrankte Bruder Heinrich führte ein unstetes Wanderleben, versuchte sich in allen möglichen Berufen und starb im Alter von 42 Jahren.

Keplers Schwester Margarete war anders geraten. Sie hatte den Pfarrer Georg Binder geheiratet und führte mit ihm im schwäbischen Heumaden ein ruhiges Leben. Auch von dem um 15 Jahre jüngeren Bruder Christoph wird nichts Außergewöhnliches berichtet. Er war in Leonberg geblieben, hatte die Zinngießerei erlernt und stellte jetzt Kannen, Teller, Krüge und andere Dinge her. Nebenher versah er die ehrenvolle Aufgabe des Drillmeisters der Bürgerwehr.

Mit im Haus wohnte auch Mutter Katharina. Sie war eine umtriebige Person, die sich mit tausenderlei Dingen beschäftigte und in alles ihre Nase steckte. Wegen ihrer Schwatzhaftigkeit war sie in Leonberg nicht sonderlich beliebt.

Abb. 18: Hexenverbrennung

Eine Zeit lang war sie mit Ursula Reinbold, einer Frau in etwa dem gleichen Alter, befreundet gewesen. Dann aber hatten sich beide gründlich zerstritten. Es kam zu wüsten Szenen. Katharina wetterte gegen den Lebenswandel ihrer ehemaligen Freundin, Ursula schimpfte zurück, der gegenseitige Hass wuchs.

„Wie kann ich mich nur rächen?“, fragte sich die gekränkte Ursula. Sie erinnerte sich, dass ihr Katharina vor einiger Zeit ein Getränk verabreicht hatte, von dem ihr übel geworden war. „Das ging nicht mit rechten Dingen zu. Ich bin ja immer noch krank davon. Es war ein Zaubertrank!“ Also erzählte sie jedermann im Dorf, ob er's wissen wollte oder nicht: „Die Katharina ist eine Hexe!“

Heutzutage würde man über so eine Anschuldigung lachen, damals war es bitterer Ernst. Der sogenannte „Hexenwahn“ hatte gerade seinen Höhepunkt erreicht. Überall, wo etwas Unerklärbares passierte, witterte man teuflische Kräfte – in katholischen Ländern ebenso wie in protestantischen. Allein in Leonberg waren in den letzten Monaten sechs Frauen als Hexen hingerichtet worden.

Die Verleumdungen fielen auf fruchtbaren Boden. „Die Keplerin eine Hexe? Ja, jetzt fällt's mir ein. Auch mir hat sie mal ...“ Man erzählte sich, dass die alte Frau durch verschlossene Türen gehen könne, dass sie das Vieh verhext habe und sogar für den Tod von Kindern verantwortlich sei.

„Als mein Mann einmal an ihr vorüberging“, berichtete die Frau des Metzgers, „verspürte er heftige Schmerzen im Schenkel. Später nahm sie die Schmerzen wieder weg, indem sie ihn einfach ansah.“

Rasch verbreiteten sich die Gerüchte. An allem, was in letzter Zeit schiefgelaufen war, war die Alte schuld! Es kam so weit, dass Luther Einhorn, der Vogt von Leonberg, sie vorladen ließ. Er war nicht allein in der Amtsstube. Ursula Reinbold, ihr Mann und auch ihr

Bruder, der als Hofbarbier eine einflussreiche Stellung hatte, waren gekommen. Mit vereinten Kräften brachten sie ihre Beschuldigungen hervor. Katharina Kepler, die nicht auf den Mund gefallen war, verteidigte sich. Nun kam es zu Beleidigungen, der Barbier zückte seinen Säbel und bedrohte die Frau. „Wenn du meine Schwester nicht wieder gesund machst, mache ich dich um einen Kopf kürzer!"

Als Katharina die Amtsstube verließ, zitterte sie am ganzen Leib. Und all das war unter den Augen des Vogtes geschehen! Sie war ja ihres Lebens nicht mehr sicher! Wie konnte man dagegen vorgehen? Ihre Kinder Christoph und Margarete hielten es für das Beste, beim Stadtgericht von Leonberg eine Klage gegen Ursula Reinbold wegen Ehrenbeleidigung einzureichen. Außerdem schrieb Margarete nach Linz und setzte ihren berühmten Bruder über die Vorgänge in Kenntnis.

Johannes Kepler war entsetzt. Was er erfuhr, erfüllte ihn mit *„unaussprechlicher Betrübnis"*, ihm war, als ob ihm *„das Herz im Leib versprengen möchte"*. Sofort schickte er einen zornigen Brief an den Stadtrat von Leonberg, in dem er ankündigte, dass er zu seiner Mutter stehen und ihre Sache bis zum Ende ausfechten werde.

Trotzdem betrieb das Gericht die Angelegenheit nur schleppend. Niemand wollte die Klage der Familie Kepler unterstützen, am allerwenigsten Luther Einhorn, der ja all die Beleidigungen und Drohungen zugelassen hatte. Ein erster Schritt wäre ein Zeugenverhör über die Vorgänge in der Amtsstube gewesen.

Solch ein Verhör wurde auch in Aussicht gestellt – aber immer wieder verschoben. Während die alte Frau darauf wartete, dass man ihr Recht verschaffte, ging hinter ihrem Rücken das Gerede weiter.

Der Hexenprozess

Im Oktober 1616 trugen einige Mädchen rohe Tonziegel in die Leonberger Ziegelbrennerei. Eine alte Frau kam ihnen entgegen – es war Katharina Kepler. Natürlich wussten die Mädchen um den Verdacht, der auf ihr lastete, und schauten sie argwöhnisch an. Im Vorübergehen wandte sich Katharina um und berührte dabei die Tochter des Tagelöhners Jörg Haller. Oder hatte sie ihr gar einen Schlag verabreicht? War es ein Hexenstich gewesen? Jedenfalls spürte das Mädchen einen stechenden Schmerz im Arm, der ständig zunahm.

Das Mädchen erzählte es den Eltern. Die liefen los, um Anzeige zu erstatten. Unterwegs begegneten sie der vermeintlichen Hexe und forderten: „Mach unsere Tochter wieder gesund!“ Auch Ursula Reinbold erfuhr von der Sache und trommelte ihre Verwandten zusammen. Schließlich fanden sich alle bei Vogt Luther Einhorn ein. Dem war der Vorfall höchst willkommen, lenkte er doch von den damaligen Ereignissen in der Amtsstube ab. Er verhörte die Anwesenden, setzte ein Protokoll auf und sagte: „Dies werde ich an die herzogliche Kanzlei weiterleiten.“

Da bekam es Katharina Kepler mit der Angst zu tun. Nie hätte sie gedacht, dass ihre Angelegenheit so große Kreise ziehen würde. Sie beschwor den Vogt, die Sache für sich zu behalten – und in ihrer Not bot sie ihm einen silbernen Becher an. Der aber lachte über den Bestechungsversuch und berichtete auch darüber nach Stuttgart.

Katharina eilte sofort zu ihrer Tochter und erzählte, was geschehen war. Margarete war entsetzt. Eine baldige Verhaftung der alten Frau war zu befürchten! Christoph wurde herbeigerufen; gemeinsam bedachten sie alle Möglichkeiten. „Es hilft nichts, sie muss Württemberg verlassen. Bringen wir sie so rasch wie möglich zu Johannes nach Linz."

Am 13. Dezember 1616 kam Katharina im Haus des Astronomen an. Sie wurde von ihrer Schwiegertochter Susanna herzlich empfangen. Dennoch ist anzunehmen, dass das Zusammenleben nicht ganz einfach war. Nach neun Monaten hielt es die alte Frau nicht mehr in Österreich aus, zu sehr nagte das Heimweh an ihr. Da sie sich in Leonberg nicht mehr blicken lassen konnte, reiste sie zu Margarete nach Heumaden.

Die nächsten zwei Jahre passierte nichts. Katharina lebte zurückgezogen im Haus ihrer Tochter, gemieden von allen, insbesondere von Pfarrer Binder, ihrem Schwiegersohn. In Linz arbeitete Johannes weiter an seinen astronomischen Tafeln. In Prag kam es zum Fenstersturz, der Dreißigjährige Krieg brach aus.

Im Frühjahr 1620 jedoch kam der Hexenprozess richtig in Gang. Vogt Luther Einhorn hatte mittlerweile 49 Zeugen befragt; ein Schriftstück von über 280 Seiten mit Anschuldigungen war entstanden. Der Herzog erteilte den Befehl zur Verhaftung. Um kein Aufsehen zu erregen, wurde Katharina Kepler bei Nacht in einer Holztruhe aus dem Pfarrhaus getragen und nach Leonberg gebracht. Verhöre fanden statt, doch die Beschuldigte ließ sich nicht in die Enge treiben. „Ich bin weder eine Hexe, noch habe ich etwas mit Zauberei zu tun!“

Jeder wusste, dass dem Gericht noch andere Mittel zur Verfügung standen. Würde die Angeklagte auch unter Folter bei ihren Unschuldsbeteuerungen bleiben? Margarete schrieb in ihrer Verzweiflung wieder nach Linz. Johannes setzte sofort ein Schreiben an den württembergischen Herzog auf, bat um einen Aufschub des Prozesses und erklärte, die Verteidigung seiner Mutter zu übernehmen.

Dem Sohn Christoph kamen unterdessen Zweifel an der Unschuld seiner Mutter, außerdem fürchtete er um seinen Ruf. Auf seine Eingabe hin wurde der Prozess von Leonberg in das über 40 Kilometer entfernte Güglingen verlegt, wo man Katharina in den nasskalten Gefängnisturm sperrte.

Trotz Kriegswirren nahm Johannes Kepler die weite Reise nach Württemberg auf sich. Als er seine Mutter einsam und heruntergekommen in ihrem Verlies antraf, zog es ihm das Herz zusammen. Sofort beantragte er eine bessere Unterbringung, woraufhin die Frau in eine Stube am Stadttor kam. Um eine Flucht zu verhindern, legte man sie in Ketten und stellte zwei Männer zur Wache ab. Die machten sich eine Freude daraus, die Alte auszuhorchen, und gingen verschwenderisch mit dem Feuerholz um, das aus dem Besitz der Angeklagten bezahlt werden musste.

Dann kamen die Gerichtsverhandlungen. In einem der Protokolle wird vermerkt: *„Die Verhaftete erscheint leider mit Beistand ihres Herrn Sohnes, des Mathematikers Johannes Kepler."* Doch Kepler nahm nicht nur an den Verhandlungen teil. Mithilfe eines Juristen vertiefte er sich in die Anklagepunkte und widerlegte einen nach dem anderen.

Die Gegenpartei ließ nicht locker. Katharinas Vergangenheit wurde durchforscht, man fand heraus, dass sie einmal bei den Katholiken die Kommunion empfangen hatte, man bemerkte, dass sie den Zeugen nicht in die Augen sah und bei der Verlesung der theologischen Artikel nicht weinte. So entstand eine Anklageschrift nach der anderen – worauf Kepler jedes Mal mit einer Verteidigungsschrift antwortete. Hunderte von Seiten befassen sich in gelehrtester Sprache mit dem Schicksal der Gefangenen.

Der Höhepunkt des Verfahrens war die für den 28. September 1621 angeordnete „peinliche Befragung". Man brachte die alte Frau in die Folterkammer, der Scharfrichter zeigte ihr die Folterinstrumente. „Die werden zur Anwendung kommen, wenn Ihr nicht gesteht."

Doch Katharina Kepler blieb fest. *„Macht mit mir, was ihr wollt. Wenn ihr mir schon eine Ader nach der andern aus dem Leib ziehen würdet, wüsste ich nichts zu bekennen."* Sie sank auf die Knie, betete ein Vaterunser und rief Gott um Hilfe an.

Diese Standhaftigkeit rettete ihr das Leben. Nach 14 Monaten Haft setzte man sie wieder auf freien Fuß.

Doch heim nach Leonberg konnte sie nicht. Der unbändige Hass der Gegenpartei, die nun einen Teil der Gerichtskosten zu tragen hatte, zwang sie, bis an ihr Lebensende bei der Tochter zu wohnen.

Somit war der Hexenprozess zu einem Ende gekommen, und Johannes Kepler konnte nach Linz zurückkehren. Ein Jahr lang hatte er sich in Württemberg aufgehalten und die Abgründe menschlicher Bosheit kennengelernt. Jetzt drängte es ihn zu Frau und Kindern – und zu seiner wissenschaftlichen Arbeit.

Weltharmonik

„Ich will mich wirklich nicht rühmen und ich erwarte keine Lobesworte vom Leser, denn es ist unsere Pflicht, die siebensaitige Harfe der schöpferischen Weisheit zu schlagen.“ (Johannes Kepler)

Eine Welt, die im Chaos versank – das war Europa im Jahr 1618. Der Prager Fenstersturz hatte am 23. Mai den Dreißigjährigen Krieg eingeläutet, ein Krieg, der besonders für Deutschland unsagbares Leid, Armut, Hunger und Seuchen brachte. Ein großer Teil der deutschen Bevölkerung wurde durch ihn vernichtet.

Auch im persönlichen Umfeld des kaiserlichen Astronomen brachen Welten ein – als seine Mutter als Hexe angeklagt wurde und im Februar 1618 auch noch seine Tochter Katharina starb. Unter diesen Eindrücken konnte er nicht an den astronomischen Tafeln weiterarbeiten. Er schob sie beiseite und wandte sich einem Thema zu, von dem er sich Trost und Kraft versprach.

Abb. 19: Prager Fenstersturz

Abb. 20: Szene aus dem Dreißigjährigen Krieg

Schon in Graz war er als junger Mathematiklehrer zur Überzeugung gelangt, dass Gott die Welt in größter Ordnung geschaffen hatte: „Alles folgt göttlichen Gesetzen, die schön sind und aufs Beste zusammenpassen. Die Weltordnung ist harmonisch."

Allein das Wort „Harmonie" versetzte Kepler in paradiesische Zustände. Sein Ziel war es, die Harmonien der Welt aufzudecken und in einem Buch darzustellen. Dazu beschäftigte er sich mit den alten Philosophen und Mathematikern, allen voran Aristoteles. Der hatte gelehrt, dass der menschliche Geist wie eine leere Tafel sei, die im Laufe der Entwicklung mit allen möglichen Erfahrungen beschrieben werde. Auch die Mathematik sei etwas, was der Mensch von dem, was er in der Welt sieht und erfährt, abgeleitet habe.

Kepler wandte sich entschieden gegen diese Ansicht. Er hielt es mit dem Philosophen Plato und seinen Nachfolgern, für die die Mathematik von Anfang an im menschlichen Geist vorhanden gewesen war: „Der Mensch lernt die mathematischen Begriffe und Figuren aus sich selbst, er wird während des Studiums nur an das erinnert, was er schon weiß."

Kepler nahm sich nun zum wiederholten Male den griechischen Mathematiker Euklid vor, in dessen Büchern das mathematische Wissen der Antike gesammelt war.

Besonders die Geometrie faszinierte ihn. Er bemerkte, dass Zahlen in ihr eine wichtige Rolle spielten, etwa bei der Konstruktion von Vielecken mithilfe von Zirkel und Lineal.

Und auch in der Musiklehre des Pythagoras tauchten Zahlen auf! Dieser Philosoph hatte entdeckt, dass der Zusammenklang von Tönen besonders schön ist, wenn eine Saite nach bestimmten Zahlenverhältnissen geteilt wird. Zahlen sind also für Wohlklang verantwortlich!

Diese Erkenntnisse wandte Kepler auf die Planetenbewegung an. Wie in Geometrie und Musik, so musste es auch hier verborgene Wohlklänge geben. Allerdings wollte Kepler keine wilden Spekulationen treiben, es musste alles mit den Beobachtungen übereinstimmen.

Die zwei Gesetze, die er vor Jahren gefunden hatte, beschrieben, wie sich ein einziger Planet auf seinem Weg um die Sonne bewegt. Wie ist es nun, wenn man die verschiedenen Planeten miteinander vergleicht?

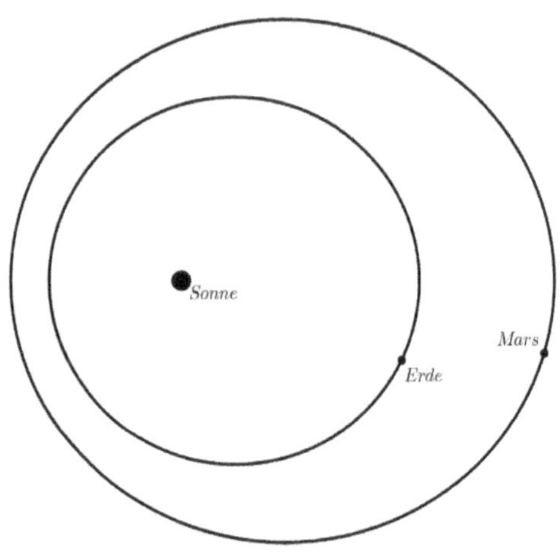

Abb. 21: Illustration des Dritten Keplerschen Gesetzes

Zum Beispiel beobachtet man, dass die Erde 365 Tage für einen Umlauf um die Sonne braucht. Der weiter von der Sonne entfernte Mars braucht 687 Tage, die näher liegende Venus nur 225 Tage. Kepler war überzeugt: „Das kann kein Zufall sein. Da die Planeten und ihre Bahnen Gottes Werk sind, muss es einen tieferen Zusammenhang geben.“ Er unterzog die Umlaufzeiten der Planeten und ihre Abstände von der Sonne eingehenden Untersuchungen – bis er am 15. Mai 1618 verkünden konnte:

„Allein es ist ganz sicher und stimmt vollkommen, dass die Proportion, die zwischen den Umlaufzeiten irgend zweier Planeten besteht, genau das Anderthalbe der Proportionen der mittleren Abstände ist.“

Mithilfe der modernen Formelsprache kann man dieses „Dritte Keplersche Gesetz der Planetenbewegung“ so ausdrücken:

$$\frac{T_1}{T_2} = \left(\frac{a_1}{a_2}\right)^{1,5}$$

Dabei sind T_1 bzw. T_2 die Umlaufzeiten zweier Planeten, etwa von Erde und Mars, a_1 bzw. a_2 ihre mittleren Abstände von der Sonne.

Gebräuchlicher ist allerdings folgende Schreibweise, die man durch mathematische Umformung erhält:

$$\frac{T_1^2}{T_2^2} = \frac{a_1^3}{a_2^3}$$

In Worten: Die Quadrate der Umlaufzeiten zweier Planeten verhalten sich wie die dritten Potenzen ihrer mittleren Abstände.

Diese Beziehung ermöglicht uns die Beantwortung wichtiger astronomischer Fragestellungen. Wenn etwa die Umlaufzeiten von Erde und Mars und dazu noch der mittlere Abstand der Erde von der Sonne bekannt sind, kann man damit den mittleren Abstand des Mars von der Sonne berechnen.

Doch Kepler ging es um mehr als solche Berechnungen. Sein drittes Gesetz besagt schließlich, dass die Bewegungen der Planeten aufeinander abgestimmt sind – wie die Saiten eines Musikinstrumentes. Könnte es also sein, dass sie bei ihrem Lauf um die Sonne Klänge erzeugen? Kepler war überzeugt, dass die Planeten ein fortwährendes Konzert aufführen, das allerdings nicht mit den Ohren, sondern mit dem Verstand wahrgenommen werden muss. Man kann das mit Menschen vergleichen, die ein mehrstimmiges Lied singen: Als Nachahmer des göttlichen Schöpfers bringen sie mit ihrer Kunst die Weltharmonie zum Klingen und versinken dabei in ein *„liebliches Wonnegefühl"*.

In dieses Wonnegefühl versank auch Kepler. Während die Welt um ihn in Auflösung war, erfüllten ihn seine Entdeckungen mit größtem Glück. Am Schluss seines Buches, das er „Weltharmonik“ nannte, dankt er Gott in einem überschwänglichen Gebet:

„Groß ist Gott, unser Herr, groß seine Macht und seiner Weisheit ist kein Ende. Lobet IHN, ihr Himmel, preiset IHN, Sonne und Mond und ihr Planeten mit allen euren Sinnen, mit denen ihr IHN wahrnehmt, und preiset IHN in gleich welcher Sprache, lobet IHN.“

Viele von Keplers Gedanken sind uns heute fremd – und waren es auch damals. Wie kann es sein, dass Planeten Musik machen und damit Gott preisen? Haben sie etwa eine Seele? Und was nützt uns ein weiteres Gesetz der Planetenbewegung? Tatsächlich lag dieses Naturgesetz in dem umfangreichen Buch wie eine Perle, deren Wert lange Zeit niemand erkannte.

Rechenhilfen

„Bringe ich etwas zustande, das sauber aussieht, so ist es zehnmal überarbeitet worden. Oft hält mich ein in der Eile gemachter Rechenfehler lange Zeit auf.“
(Johannes Kepler)

Keplers Schaffenskraft war trotz ständiger Schwierigkeiten ungebrochen. In Linz verfasste er neben den bisher genannten Schriften einen mehrbändigen „Abriss der copernicanischen Astronomie“, dann ein Buch über Kometen und vieles mehr.

Am sehnlichsten aber warteten alle – Astronomen, Astrologen und Seefahrer – auf die Rudolfinischen Tafeln. „Wie lange dauert es noch?", fragten sie und drängten Kepler zur Fertigstellung. Doch der kaiserliche Mathematiker brauchte Zeit. Aus unzähligen Örtern von Sonne, Mond und Planeten musste er vergangene und zukünftige Positionen berechnen. Vom Jahr 4000 vor Christus bis ins Jahr 2100 sollten die Tafeln gültig sein – und dabei alles, was es bereits gab, an Genauigkeit übertreffen.

Kepler benutzte für diese Berechnungen die von ihm entdeckten Gesetze, die endlich zeigen sollten, was in ihnen steckte! Doch die Arbeit zog sich wochen- und monatelang hin. Ständig saß er hinter seinen Papieren und kämpfte mit den Zahlen. Schlich sich ein Fehler ein, musste er alles von vorne beginnen.

Gab es keine Hilfe? Kepler hatte immer wieder Mitarbeiter gehabt, die ihm mühselige Rechenarbeit abgenommen hatten: In Prag waren es Jost Bürgi und Benjamin Ursinus gewesen, in Linz war es Janus Gringalletus.

Doch Mitarbeiter müssen von etwas leben. Sie brauchen Wohnung, Kleidung, Essen – und wenn sie eine Familie haben, brauchen sie das alles doppelt und dreifach. Keplers Gehalt reichte dazu nicht aus, und schweren Herzens musste er den tüchtigen Gringalletus ziehen lassen.

Mit einem Computer oder Taschenrechner wäre alles ein Kinderspiel gewesen. Die Maschine hätte auf Knopfdruck die gewünschten Zwischenergebnisse geliefert; der Wissenschaftler hätte sich wichtigeren Dingen zuwenden können. Aber die elektronische Datenverarbeitung war noch lange nicht erfunden!

In Keplers Bibliothek stand ein Buch des englischen Mathematikers John Napier. Vor Jahren schon hatte man es ihm zugeschickt; jetzt erst kam er dazu, sich damit zu beschäftigen. Das Vorwort kündigte eine neue Methode an, mit der komplizierte Rechnungen im Handumdrehen gelöst werden können. Das war es, was Kepler gesucht hatte!

Was aber sollten all die Tabellen, die er auf den folgenden Seiten fand? Wozu waren diese endlosen Zahlenreihen nütze? Glücklicherweise gab es Erklärungen, die Kepler aufmerksam studierte – zum Beispiel folgende Rechnung:

$$9848078 \times 5000000 \div 7660445$$

Wer im schriftlichen Rechnen geübt ist, bekommt das schon hin. Allerdings sind Multiplikationen und Divisionen mit so großen Zahlen eine langwierige Angelegenheit. Die Gefahr, Fehler zu machen, ist groß. Nun, man kann ja mal in John Napiers Tabellen nachschlagen. Dort gibt es zu jeder Zahl eine andere Zahl, die „Logarithmus“ genannt wird – was auf Deutsch so viel wie „Zahlenlehre“ bedeutet. Nach etwas Suchen findet man:

Der Logarithmus von 9848078 beträgt 153088.
Der Logarithmus von 5000000 beträgt 6931469.
Der Logarithmus von 7660445 beträgt 2665149.

Was macht man nun mit diesen Logarithmen? Auch das verrät Napiers Buch – man addiert und subtrahiert sie:

$$153088 + 6931469 - 2665149 =$$
$$7084557 - 2665149 = 4419408$$

Das war nicht weiter schwierig – „plus" und „minus" zu rechnen ist schließlich um einiges einfacher als „mal" und „geteilt". Das Ergebnis dieser Rechnung nun muss man wieder in Napiers Tabellen nachschlagen, und zwar muss man die Zahl suchen, deren Logarithmus 4419408 ist. Da steht es auch schon:

Der Logarithmus von 6427876 beträgt 4419408.

Und diese Zahl ist das Ergebnis der ursprünglichen Rechnung! Es gilt also:

$$9848078 \times 5000000 \div 7660445 = 6427876$$

Dass dies stimmt, kann man heutzutage leicht mit dem Taschenrechner überprüfen. Aber warum funktioniert es? Warum kann man aus Multiplikationen und Divisionen einfach Additionen und Subtraktionen machen? Wie hatte Napier seine neue Methode herausgefunden? Steckte irgendein Trick dahinter? Roch das Ganze nicht verdächtig nach Magie?

Michael Mästlin, Keplers alter Lehrer aus Tübingen, war skeptisch. „Ich will nicht mit fremden Augen sehen und Methoden verwenden, die ich nicht verstehen kann. So etwas macht ein Mathematiker nicht! Ich benutze nur Rechenwege, von denen ich weiß, dass sie stimmen."

Kepler sah das anders. Das Buch aus England erschien ihm wie Engelswerk und wurde zu einer wichtigen Rechenhilfe. Doch er musste Mästlin auch recht geben. Es war wichtig zu verstehen, was es mit den Logarithmen auf sich hatte. Also vertiefte er sich in die Theorie, verstand Napiers Erfindung immer besser und war bald selbst in der Lage, solche nützlichen Zahlentabellen zu erstellen. Kepler verfasste ein eigenes Buch dazu und nannte es „Über Logarithmen".

Seither haben die Logarithmen unzähligen Wissenschaftlern die Arbeit vereinfacht. Sie bildeten die Grundlage für die ersten Rechenmaschinen, die bald das Licht der Welt erblickten. Napier selbst erfand die nach ihm benannten „Rechenstäbchen", und im Jahr 1632 kam der Engländer William Oughtred auf die Idee, Logarithmen zur Konstruktion eines „Rechenschiebers" zu nutzen. In der Folge wurde die Lehre von den Logarithmen vereinfacht, und heutzutage lernt man bereits in der Schule, mit ihnen umzugehen. Dennoch haben viele Schüler Angst davor und rufen wie der alte Mästlin: „Hände weg von den Logarithmen!" Doch eine Beschäftigung mit ihnen lohnt sich!

Immerhin konnte Kepler dank ihrer Hilfe die Genauigkeit der Rudolfinischen Tafeln erhöhen und sie endlich zum Abschluss bringen.[2]

Herausgabe der Tafeln

„Die Rudolfinischen Tafeln, die ich von Tycho Brahe als Vater empfangen habe, habe ich nun ganze 22 Jahre in mir getragen und gebildet, wie sich allmählich die Frucht im Mutterleib bildet. Nun quälen mich die Geburtswehen.“ (Johannes Kepler)

Druckerschwärze und Schießpulver

Der Druck der Rudolfinischen Tafeln mit all den Tabellen, Karten und astronomischen Zeichen versprach, eine komplizierte Sache zu werden. Wo gab es eine geeignete Druckerei dafür? Wer würde die Arbeit und das benötigte Papier bezahlen?

Der Auftrag zu diesem Werk war vom Kaiser gekommen, der musste nun entscheiden. Also reiste Kepler nach Wien. „Der Hof schuldet mir Gehälter in der Höhe von über 6000 Gulden“, erklärte er den Beamten. „Gebt mir nun den Betrag, ich werde ihn für den Druck der Rudolfinischen Tafeln verwenden.“

---

2 Die Zahlen aus Napiers Beispiel mögen auch Mathematikern merkwürdig erscheinen. Das liegt daran, dass Napier seine Logarithmen aus geometrischen Überlegungen gewann. Die Definition des Logarithmus mittels einer Exponentialgleichung und den Begriffen „Basis“ und „Exponent“ war damals noch unbekannt.

Der Kaiser war einverstanden. Doch da seine Kassen leer waren, befahl er, dass die Städte Nürnberg, Memmingen und Kempten seinem Mathematiker das Geld auszahlen sollten. „Außerdem wünsche ich", sagte er, „dass das Tafelwerk nicht im Ausland, sondern in Österreich gedruckt wird." Damit kam nur Linz als Druckort infrage.

Kepler konnte damit zufrieden sein. Er verließ Wien und reiste nach Bayern, um sich das Geld geben zu lassen. Tatsächlich bekam er in Memmingen und Kempten insgesamt 2000 Gulden. Die Nürnberger aber lehnten eine Zahlung ab. „Wir müssen schon genug Kriegslasten tragen", sagten sie, „und haben kein Geld für wissenschaftliche Werke." Daran konnten weder Kepler noch Kaiser rütteln. Nach vier Monaten kam der Astronom wieder nach Hause, und wenn man die Reisekosten in Abzug brachte, blieb von dem eingenommenen Geld kaum etwas übrig.

Unterdessen hatte sich die Stimmung in Linz stark angespannt. Schon vor einiger Zeit hatten die Bayern die Stadt besetzt und verfolgten nun das Ziel, die Bevölkerung katholisch zu machen. Es geschahen ähnliche Dinge wie vor Jahren in Graz: Man verbot die Zusammenkünfte der Lutheraner, verbrannte ketzerische Bücher und vertrieb die protestantischen Lehrer und Pfarrer. Zu Ostern 1626 musste jeder, der nicht katholisch werden wollte, ein Zehntel seines Vermögens abgeben und dann die Stadt verlassen.

Kepler war kaiserlicher Mathematiker und damit Hofbeamter – für ihn galten diese Verordnungen nicht.

Er durfte in Linz bleiben und seiner Arbeit nachgehen. Allerdings musste er akzeptieren, dass seine Kinder den katholischen Gottesdienst besuchten und sein neugeborener Sohn von einem katholischen Geistlichen getauft wurde.

Eine weitere Maßnahme richtete sich gegen Keplers Bibliothek. Die Behörden beschlagnahmten seine Bücher und ließen ihm nur diejenigen, die er unbedingt für seine Arbeit brauchte.

Das war hart! Kepler liebte seine Bücher, in viele hatte er wichtige Anmerkungen geschrieben. Was sollte er ohne seine griechische Bibel, ohne die Schriften Martin Luthers tun? Zum Glück dauerte dieser Zustand nicht allzu lange. Kepler hatte am kaiserlichen Hof Freunde, mit deren Hilfe er seine Bücher zurückerhielt.

Zu den wenigen Protestanten, die in Linz bleiben durften, gehörte auch Johannes Planck, der die Rudolfinischen Tafeln drucken sollte. Doch auch für ihn wurde es ungemütlich. In seinem Haus wurden bayerische Soldaten einquartiert, die er verköstigen musste. Es war ein ständiges Kommen und Gehen, ein Rufen und Lachen – wie sollte man da arbeiten?

Und arbeiten musste man, der Druck der Tafeln konnte nicht länger aufgeschoben werden. *„Ich bin auf die Herausgabe so begierig wie Deutschland auf Frieden“*, sagte Kepler. Täglich ging er zu Planck und erklärte ihm die astronomischen Zeichen; sie besprachen, wie die einzelnen Seiten aussehen sollten. Es war eine große Herausforderung für die kleine Druckerei.

Probeseiten wurden gedruckt und korrigiert; langsam nur kam man vorwärts.

Da tauchte eine neue Gefahr auf. Die Bauern Oberösterreichs hatten genug von der bayerischen Bevormundung und wollten nicht, dass man ihnen den lutherischen Glauben nahm. Sie erhoben sich gegen die Besatzer, zogen in Scharen übers Land, kämpften, plünderten, zerstörten. Schließlich belagerten sie Linz. Viele Häuser der Vorstadt wurden zerstört, Plancks Druckerei ging in Flammen auf, mit ihr alles bisher Gedruckte.

Jetzt waren Kepler und die Seinen eingeschlossen! Mehr noch: Ihr Haus lag an der Stadtmauer, von wo aus sie freie Sicht auf die Kampfhandlungen hatten. Es war unheimlich. Überall brannte, blitzte und donnerte es, der Qualm roch abstoßend. Soldaten gingen aus und ein, Tag und Nacht musste man ihnen die Türen geöffnet lassen. Dann wurden die Vorräte knapp, viele aßen Pferdefleisch. Kepler war froh, dass ihm das erspart blieb.

Im August endlich traf ein kaiserliches Heer ein, das gegen die Bauern vorging. Linz wurde befreit. Doch was konnte Kepler hier noch tun? Die Arbeit der letzten Monate war zerstört, eine Druckerei gab es nicht mehr. Das Werk musste vollendet werden – aber wo? *„Welchen Ort soll ich wählen, einen, der bereits verwüstet ist, oder einen, der erst noch drankommen wird?“*

Keplers einzig verbliebene Hoffnung war die Stadt Ulm. Hier war man bereit, ihm für ein halbes Jahr Aufenthalt zu gewähren und ihn in seiner Arbeit zu unterstützen. Als im Herbst 1626 der Kaiser seine Einwilligung zum Umzug gab, packte Kepler Hausrat, Bücher, Manuskripte, verbliebenes Druckmaterial zusammen – und verließ die Stadt, in der er 14 Jahre seines Lebens verbracht hatte.

Jetzt oder nie

Im tiefsten Winter traf die Familie in Regensburg ein. Die Donau war zugefroren, eine gemeinsame Weiterfahrt unmöglich. Kepler fand eine kleine Wohnung, in der er sich ein paar Tage ausruhte. Dann nahm er schweren Herzens von Frau und Kindern Abschied und setzte seine Reise im Wagen fort.

Auch in Ulm hatte Kepler Freunde. Bei einem Arzt, den er von Prag her kannte, fand er Unterschlupf. Direkt gegenüber lag die Druckerei von Jonas Saur, der ihm als geschickter Meister seines Fachs empfohlen worden war. Auch hatte Kepler bereits Papier nach Ulm schicken lassen. Die Arbeit konnte also beginnen!

Der Druck der Tafeln erforderte höchste Genauigkeit. Kepler war täglich in der Druckerei, um die Arbeit zu überwachen und mit Rat und Tat zur Seite zu stehen. Dabei lernte er Jonas Saur als einen ziemlich stolzen und ungestümen Menschen kennen, der zudem mehr Geld forderte, als abgemacht war. Es kam zum Streit. Kepler war nahe daran, den Drucker anzuzeigen. Dann wollte er den Druck in eine andere Stadt verlegen. Zu Fuß machte er sich auf den Weg – doch er kehrte nach kurzer Zeit völlig entkräftet zurück. *„Die Sache steht* *so"*, schrieb er einem Freund, *„dass das Werk entweder jetzt oder nie zu Ende gebracht wird."* Also wurde die Arbeit mit Saur fortgesetzt.

Während Keplers Aufenthalt in Ulm trat der Magistrat mit einer Bitte an ihn heran. „In unseren Gewichts-, Längen- und Volumenmaßen herrscht ein großes Durcheinander. Könntet Ihr uns helfen, Ordnung in die Sache zu bringen?" Ja, damit kannte sich der Astronom und Mathematiker bestens aus! Er schrieb ein Gutachten, in dem er festlegte, was die Maßeinheiten Schuh, Elle, Zentner, Eimer und Imi genau bedeuten sollten. Dazu entwarf er einen Messkessel aus Bronze, den sogenannten „Ulmer Metzen", von dem man die gewünschten Maße ablesen konnte. Dieser Kessel steht heute noch im Ulmer Stadtmuseum.

Endlich wurde auch der Druck des großen astronomischen Werkes abgeschlossen. Auf über 500 Seiten gab es Tafeln mit den Örtern von Sonne, Mond und Planeten, es gab Logarithmentafeln, einen Fixsternkatalog, ein Verzeichnis mit Städten und deren geografischen Längen und Breiten – und natürlich zu allem Erklärungen.

Abb. 22: Ulmer Metzen

Ein Bild auf der ersten Seite stellt klar, dass man diese wichtige Sache nicht nur Kepler, sondern vielen anderen zu verdanken hat. Auf einem Denkmal sind die großen Astronomen der Vergangenheit versammelt: der Grieche Hipparch, Claudius Ptolemäus, Nikolaus Kopernikus, Tycho de Brahe. Auch Johannes Kepler ist abgebildet. Er sitzt in seinem Arbeitszimmer, vor ihm liegen verstreut ein paar Zahlen auf dem Tisch. Was soll das wohl bedeuten? Und warum schaut er so besorgt aus dem Bild heraus?

Abb. 23: Ausschnitt aus dem Frontispiz der Rudolfinischen Tafeln

In der damaligen Zeit war es üblich, ein wissenschaftliches Werk mit einer ausführlichen Widmung zu beginnen. Darin stattete man seinem Auftraggeber und Unterstützer Dank ab – in diesem Fall dem Kaiser. Hier nun gab es weitere Schwierigkeiten. Da das Tafelwerk auf Tycho de Brahes Beobachtungen beruhte, wollten seine Kinder ein Wörtchen mitreden. Sie wollten sich selbst beim Kaiser bedanken und die Verdienste ihres

Vaters ins rechte Licht rücken. Also verfassten sie einen Widmungstext, der neben den von Kepler gestellt wurde. Als dann das Buch gedruckt war, gefiel ihnen dieses und jenes nicht – sodass die Titelseite nachgedruckt und ersetzt werden musste.

Endlich lagen 1000 Exemplare des Buches vor. Kepler hatte den Druck aus eigener Tasche bezahlt, und es war fraglich, ob er bei einem Preis von drei Gulden pro Buch auf seine Kosten kommen würde – zumal er den Gewinn mit den Erben Tychos teilen musste. Die meisten Exemplare sollte ein Frankfurter Buchhändler für Kepler verkaufen, einen Teil aber verschickte er selbst an Freunde und Gönner.

Nun endlich bekamen die Astronomen, wonach sie sich so lange gesehnt hatten. Mit den Rudolfinischen Tafeln konnten sie ihre Theorien überprüfen und neue aufstellen, konnten Himmelsereignisse berechnen, Mond- oder Sonnenfinsternisse voraussagen. Astrologen und Kalendermacher konnten Konstellationen bestimmen, die sie für ihre Horoskope brauchten, Seefahrer bekamen ein zuverlässiges Hilfsmittel, um durch die Weltmeere zu navigieren. Ja, bis nach China drang der Ruhm Keplers, wo die jesuitischen Astronomen begeistert seine Tafeln in Empfang nahmen.

Die Rudolfinischen Tafeln waren so gut, dass sie die bisher verwendeten Prutenischen Tafeln vollständig ersetzten. Über 150 Jahre lang waren sie in Gebrauch, bis mithilfe von modernen Beobachtungsmethoden genauere Tafeln erstellt werden konnten.

General Wallenstein

„Ich fühle mich hier nur als Gast und Fremdling."
(Johannes Kepler)

Im Dreißigjährigen Krieg kämpften Tausende von Söldnern für die eine oder andere Seite. Angeführt wurden sie von Hauptmännern und Offizieren; den Oberbefehl hatten Generäle.

Der berühmteste General seiner Zeit war Albrecht von Wallenstein. Schon früh hatte er sich auf die Seite des Kaisers gestellt und mit seinen Heeren, die er aus eigener Tasche bezahlte, für ihn gekämpft. Wallenstein war ein gerissener Stratege, der die Schwachstellen des Feindes kannte. Mit viel Mut und genauso viel Vorsicht gewann er eine Schlacht nach der anderen – und damit die Gunst des Kaisers. Er erwarb große Ländereien und durfte sich Herzog von Friedland, Mecklenburg und Sagan nennen.

Abb. 24: Reiterbild Wallensteins

Wallenstein hatte selbst einen kleinen Hofstaat aus Beamten und Beratern. Zu den wichtigsten gehörten die Astrologen. Der General, der überzeugt war, dass der Lauf der Sterne sein Schicksal beeinflusste, unternahm keinen Kriegszug, ohne vorher seine Sterndeuter zu befragen.

Als Wallenstein noch jung und unbekannt war, hatte ihm Johannes Kepler in Prag ein Horoskop erstellt, das heißt eine von Planetenkonstellationen abgeleitete Beschreibung seines Charakters. Darin standen nicht nur schmeichelhafte Dinge: „Dieser Herr hat ein unruhiges Gemüt, ist begierig nach allerhand Neuerungen, verachtet die menschlichen Gebote, neigt zu Alchimie und Zauberei. Aber im reifen Alter wird er die meisten Untugenden abwetzen und hohe, wichtige Sachen verrichten. Reichtum und eine stattliche Heirat erwarten ihn."

Wallenstein hatte das Schriftstück eingehend studiert, hatte Anmerkungen an den Rand geschrieben und eingesehen, dass vieles daraus zutraf. Später erbat er sich vom kaiserlichen Mathematiker eine zweite astrologische Analyse. Diesmal warnte ihn Kepler, zu viel aus den Gestirnen lesen zu wollen. *„Wer alles bloß allein aus dem Himmel haben will, der ist wahrlich nie recht in die Schul gegangen und hat das Licht der Vernunft, das ihm Gott angezündet, noch nie recht geputzt."* Dennoch sprach Kepler von kommenden Revolutionen und prophezeite eine *„schreckliche Landverwirrung"*.

All das lag nun Jahre zurück. Anfang 1628 reisten Wallenstein und andere hohe Würdenträger zu

Besprechungen nach Prag, wo auch Kepler anwesend war. Der hatte dem Kaiser gerade die Rudolfinischen Tafeln verehrt und nach weiteren Aufträgen gefragt. Der Kaiser nahm Wallenstein zur Seite. „Mein Mathematiker braucht eine neue Wirkungsstätte. Ich würde ihm ja in Prag eine Stelle verschaffen – wenn er nur von seinem Glauben lassen und katholisch werden wollte! Nehmt Ihr ihn mit in Euer Herzogtum, er wird Euch sicherlich von Nutzen sein.“

Wallenstein gefiel dieser Vorschlag. Keplers Glaubensbekenntnis spielte für ihn keine Rolle. Aber den großen Astronomen in nächster Nähe zu haben und ihn nach Planetenkonstellationen befragen zu können war verlockend.

Kepler jedoch zögerte. Sollte er seine Zukunft in die Hand eines Menschen legen, dessen Erfolg vom Krieg abhing und der von einem Tag auf den anderen stürzen konnte? Doch wo sonst gab es in diesen Zeiten eine Stelle für einen Gelehrten? Kepler blieb keine Wahl, und so siedelte er noch im gleichen Jahr mit seiner Familie nach Sagan über.

Diese Stadt lag im heutigen Polen, weitab von Keplers bisherigen Wohnorten. Hier kannte er niemanden, verstand nicht einmal die Mundart der Einwohner. Kepler war zwar froh, Lutheraner bleiben zu dürfen, aber es machte ihn traurig zu sehen, wie um ihn her die Bedrückung seiner Glaubensgeschwister wieder zunahm und man sich aus Angst von ihm fernhielt.

Immerhin hielt Wallenstein Wort. Kepler bekam eine Druckerpresse ins Haus, dazu einen Drucker und einen Setzer. „*Wenn der Sturm wütet und der Schiffbruch des Staates droht, können wir nichts Würdigeres tun, als den Anker unserer friedlichen Studien in den Grund der Ewigkeit senken*“, war Keplers Überzeugung, und jetzt konnte er die Ergebnisse seiner Studien selbst drucken und herausgeben. Dazu gehörten astronomische Jahrbücher und Beobachtungen Tychos, die Kepler allen zugänglich machen wollte.

Die Arbeit ging dem Astronomen nicht aus, und es war gut, dass er in Jacob Bartsch einen fleißigen Mitarbeiter fand. Bartsch hatte in Straßburg Medizin und Astronomie studiert, kannte sich deshalb auch mit Mathematik aus und konnte Kepler in vielem helfen.

Kepler kam ein Gedanke: „Wäre dieser Mann nicht etwas für meine Tochter?“ Da Susanna zurzeit bei einer Familie im entfernten Durlach in Diensten stand, kannte sie Jakob Bartsch noch nicht. Gab es eine Möglichkeit, die beiden zusammenzubringen?

An der Straßburger Universität lehrte der Geschichtsprofessor Matthias Bernegger. Obwohl Kepler ihm nur einmal begegnet war, hatten sich die beiden ins Herz geschlossen und seither unzählige Briefe gewechselt. Sobald Kepler etwas bedrückte, wandte er sich an seinen Freund. Auch jetzt stellte er ihm eine Menge Fragen: „Was weißt du über Bartsch? Wie hat er in Straßburg gelebt? Hat er eifrig seine Studien betrieben? Hat er viel Geld gebraucht?“ Dann kam er zum Eigentlichen: „Wenn alles in Ordnung ist, dann schreibe ihm bitte. Streiche die Vorzüge meiner Tochter heraus und mache ihm eine Heirat mit ihr schmackhaft.“

Bernegger erfüllte den Wunsch. Bartsch, der ein großer Bewunderer Keplers war, fing an, sich für dessen Tochter zu interessieren. Schließlich hielt er, ohne sie je gesehen zu haben, um ihre Hand an. Kepler, der alles eingefädelt hatte, gab sein Einverständnis – das letzte Wort aber überließ er Susanna. Das lautete, nach reiflicher Überlegung: „Ja."

Die Stadt Straßburg liegt nicht weit von Durlach entfernt und war somit der geeignete Ort für das Fest. Es traf sich gut, dass Bartsch gerade dort zu tun hatte. Am 12. März 1630 wurde er an der Universität zum Doktor der Medizin promoviert; am Nachmittag desselben Tages feierte man Hochzeit.

„Die große Zahl der herbeigeströmten Zuschauer hätte allein eine ziemlich große Stadt gefüllt", berichtete Bernegger nach Sagan. Da Kepler der Weg zu weit war, hatte der Freund den Brautvater vertreten. *„Aber Du darfst keineswegs glauben, dass diese Ehre nur der Braut und dem Bräutigam galt. Dir galt sie ganz besonders. Wie sehr hatten wir uns doch gewünscht, Dich unter uns zu sehen! Aber da wir Dich nicht bei uns haben konnten, haben wir Dich wenigstens in Deinen Anverwandten und Ebenbildern mit herzlicher Freude betrachtet; in der Braut, Deiner Tochter, die in der Begleitung der Frauen wie der Mond unter den kleinen Sternen strahlte; in Deinem Bruder, Deiner Schwester, Deinem Sohn. Die Leute wiesen mit den Fingern auf sie hin und zeigten sie einander."* So berühmt war Kepler also auch in Straßburg! *„Ich beglückwünsche Dich von ganzem Herzen zu solch einem Schwiegersohn und*

zu solch einer Tochter. Du kannst Dir keine Besseren wünschen."

Bald machten sich die frisch Vermählten auf den Weg nach Sagan, wo ein weiteres Fest bevorstand. Kepler und seine Frau waren noch einmal Eltern geworden, das Töchterlein Anna Maria sollte am 24. April getauft werden. Als Susanna ankam, hatte sie ein selbst gewebtes Taufkleid als Geschenk dabei.

Kepler war glücklich, seine große Familie um sich zu haben. Ach, könnten solche Augenblicke doch ewig währen!

Die letzte Reise

„Stund ist kommen / ich nehm die Fahrt / nach der himmlischen Gotteswart." (Johannes Kepler)

Die Sorge trieb Kepler um. Wallenstein war vom Kaiser entlassen worden; er war nun nicht mehr der große General, sondern nur ein einfacher Herzog, der bald nichts mehr für seinen Astronomen würde tun können. Was sollte aus Kepler und seiner Familie werden?

In Linz hatte Kepler seinerzeit 3500 Gulden angelegt. Gab es das Geld noch? War es möglich, an die aufgelaufenen Zinsen zu kommen? Zudem schuldete ihm der Kaiser fast 12 000 Gulden. Kepler brauchte das Geld dringend! Da eine briefliche Regelung nicht klappte, musste er persönlich erscheinen, um seine Ansprüche geltend zu machen.

Der Astronom brach auf Richtung Süden. Ende Oktober 1630 traf er in Leipzig ein, wo er im Haus eines befreundeten Professors Unterschlupf fand. Von dort schrieb er Bernegger, der ihn eingeladen hatte, bei ihm in Straßburg zu wohnen: „Gerne nehme ich die Gastfreundschaft an, die Ihr mir und meiner Familie angeboten habt. Bei der Unsicherheit der allgemeinen Lage darf man eine Gelegenheit unterzukommen nicht verschmähen." Aber würde er jemals bis nach Straßburg kommen? Er schloss den Brief mit den Worten: *„Lebt wohl mit Frau und Kindern. Haltet Euch gleich mir an dem einzigen Anker der Kirche fest, dem Gebet zu Gott, und betet für mich."*

Auf einem mageren Gaul ging es weiter durch den kalten, nebligen Herbst. Die Wege waren schlammig; Stürme erschwerten das Vorwärtskommen. Am 2. November ritt Kepler erschöpft über die Steinerne Brücke in Regensburg ein. Er verkaufte das Pferd für zwei Gulden, dann begab er sich in einen Gasthof.

Nach kurzer Zeit bekam Kepler Fieber. Anfangs schenkte er ihm keine Beachtung, doch als es schlimmer wurde, ließ er einen Arzt kommen. Der nahm einen Aderlass vor – eine damals übliche Behandlungsmethode, bei der dem Patienten Blut entnommen wurde – und ging wieder. Der Zustand des Astronomen verschlechterte sich zusehends, er verlor das Bewusstsein, zwischendurch redete er unzusammenhängende Dinge. Die Anwesenden schickten nach einem Geistlichen. Prediger Christoph Donauer kam, um Kepler im Todeskampf beizustehen.

„Wodurch erhofft Ihr selig zu werden?" Es war üblich, einen Menschen, der am Tor zur Ewigkeit stand, nach seinem Glauben zu fragen. Kepler antwortete deutlich: *„Allein durch das Verdienst unseres Erlösers Jesus Christus, worauf alle Zuflucht, aller Trost und mein Heil begründet ist."*

Am 15. November, um die Mittagszeit, verschied Johannes Kepler. Zwei Tage später fanden sich einige Bekannte auf dem Friedhof der lutherischen Gemeinde ein und begruben ihn. Damit hatte der Astronom im 59. Lebensjahr seine irdische Wanderschaft beendet.

Erst nach 14 Tagen erfuhren Frau und Kinder vom Tod des Familienoberhauptes. Und erst ein Jahr später konnte Susanna Kepler, in Begleitung von Jacob Bartsch, der ihr in aller Not beistand, nach Regensburg reisen. Hier lasen sie auf dem Grabstein die von Kepler selbst verfasste Inschrift:

Himmel durchmaß mein Geist,
nun mess ich die Tiefen der Erde;
Ward mir vom Himmel der Geist,
ruht hier der irdische Leib.

Im Laufe der Kriegswirren wurde der Friedhof verwüstet; der Grabstein ging verloren. Der Spruch jedoch wurde aufgeschrieben und blieb uns so erhalten.

NACHWIRKUNGEN

Der Traum vom Mond

„Denn wer auf dem Mond wäre, der würde glauben, dass der Mond ganz und gar fest an einem Ort verharre.“ Johannes Kepler)

Auch wenn mit Keplers Tod seine irdische Pilgerfahrt vorüber war, für seinen schriftlichen Nachlass ging die Reise weiter. Man könnte einige Kapitel damit füllen, wie Keplers Handschriften verkauft, vergessen, wiederentdeckt und dank der Initiative des Mathematikers Leonard Euler zur russischen Zarin Katharina II kamen.

Eine besondere Stellung nimmt Keplers „Der Traum vom Mond“ ein. Dieses Werk soll im Folgenden kurz nacherzählt werden, und es wird auf seine Bedeutung eingegangen.

Levania

Nicht jeder eignet sich für eine Reise zum Mond, zu groß sind die damit verbundenen Strapazen. Empfehlen kann man so ein Abenteuer eigentlich nur Menschen, die die sitzende Lebenshaltung meiden, die häufig nach Indien segeln, auf schnellen Pferden reiten und gewöhnt sind, sich von Zwieback, Knoblauch, Dörrfisch und anderen abscheulichen Speisen zu ernähren. Das können ebenso gut saftlose, alte Weiber wie drahtige Spanier sein – niemals aber dicke Deutsche.

Der zur Reise Auserwählte wird von Geistwesen, die den Weg zum Mond kennen, mit vereinten Kräften in die Höhe gestemmt. Wie von Sprengpulver hochgeschossen, schwebt er alsbald über Berge und Meere. Ungeheure Kälte und Atemnot herrschen hier, weshalb man dem Menschen feuchte Lappen auf die Nase legt und ihn mit Opiaten betäubt. Wenn die Körpermasse auf die rechte Bahn gebracht ist und von selbst dem Ziel zustrebt, fliegen die Geistwesen voraus, um den Aufprall auf dem Mond abzumildern. Kein Wunder, dass der Mensch beim Erwachen über große Schlappheit klagt und sich seine Gliedmaßen nur langsam erholen.

Nun kann sich der Reisende auf dem Mond ergehen und mit den Mondbewohnern sprechen, die ihre Heimat Levania und sich selbst Levanier nennen. Er wird feststellen, dass auf Levania manches der Erde ähnlich ist – und doch ist alles ganz anders.

Auf Levania gibt es, wie auf der Erde, Tag und Nacht. Dieser Wechsel dauert insgesamt einen Erdenmonat: 14 Erdentage lang ist es hell, 14 Erdentage dunkel. Dabei spielt es eine entscheidende Rolle, auf welcher Seite Levanias man lebt. Auf der Vorderseite ist tagsüber neben der Sonne auch die Erde zu sehen, und nachts, wenn die Sonne untergegangen ist, steht die Erde noch immer da. Die Levanier haben sie ständig vor Augen, sehen sie 15-mal größer als die Erdbewohner ihren Mond, empfangen von ihr angenehme Wärme und Helligkeit. Kein Wunder, dass die Erde ihr liebster Anblick ist!

Die Erde leistet noch mehr. Da sich bei ihrer Drehung um die eigene Achse gleichmäßig ihr Angesicht ändert, dient sie den Levaniern als Uhr – deren 14. Umlauf das Ende der Nacht ankündigt. Darum heißt die Erde auf dem Mond „Volva“ – die „Sich-Umwälzende“. Volva besitzt, wie der von der Erde aus gesehene Mond, Phasen – ist mal ganz, mal halb, mal sichelförmig. Ein vollständiges Verschwinden jedoch gibt es nicht, immer bleibt ein lieblicher Schein am Himmel.

Auf der Rückseite Levanias ist alles anders. Hier muss man völlig ohne den Anblick der Erde auskommen. Die Nacht ist stockfinster, es herrschen Kälte und Frost, sodass sich die Bewohner in Höhlen verkriechen müssen.

Tagsüber ist es nicht besser. Dann erzeugt der Sonnenschein eine unerträgliche Hitze, die Meeresoberfläche beginnt zu kochen, sodass der Hungrige fertig zubereitete Meerestiere herausfischen kann. Die meisten Levanier sind glücklicherweise in der Lage, lange die Luft anzuhalten. Während der Tageshitze tauchen sie in die Tiefe, wo das Wasser kühler ist.

Selbst Jahreszeiten gibt es auf Levania, obgleich der Unterschied zwischen Sommer und Winter viel weniger ausgeprägt ist als auf der Erde. Der Sommer dauert sechs Mondtage, der Winter ist ebenso lang.

Sonnenfinsternisse finden immer dann auf Levania statt, wenn sich die Sonne in ihrem Lauf hinter die Erde schiebt. Da die Erde größer ist als der Mond, sind diese Ereignisse häufiger als auf der Erde, dauern viel länger und tauchen die Mondvorderseite in völlige Dunkelheit!

Neben den Sonnen- gibt es auch Erdfinsternisse! In diesem Fall steht die Sonne so hinter Levania, dass ihr Schatten auf die Erde fällt und die Levanier eine dunkle Scheibe über die Erdoberfläche ziehen sehen. Erdfinsternisse sind für die Levanier also immer nur teilweise. Zur gleichen Zeit erleben die Erdbewohner totale Sonnenfinsternisse. Übrigens ist das Spektakel der Finsternisse nur den Bewohnern der Vorderseite Levanias vorbehalten.

Auf Levania gibt es Pflanzen und Tiere aller Art. Ihr Werden und Vergehen ist nicht an die Jahreszeiten gebunden, sondern an den Wechsel von Tag und Nacht. Alles wächst in der kurzen Zeit eines Mondtages zu riesenhafter Größe heran – und vergeht hernach wieder.

Die verbreitetste Tierart ist die Schlange. Sie findet Genuss daran, sich der Mittagshitze auszusetzen – bis ihr Atem stockt und sie tot daliegt. In der Kühle der Nacht aber kehrt das Leben zurück.

Dies beobachtet man vornehmlich auf der Mondrückseite – die Temperaturen auf der Vorderseite sind ausgeglichener. Wenn beide Gestirne, Sonne und Erde, tagsüber am Himmel stehen, ziehen sie mit vereinter Kraft das gesamte Wasser Levanias auf die Vorderseite. Während dann die Rückseite wasserlos ist, bilden sich hier Wolken und lindern die Hitze. Auf weite Flächen fällt Leben spendender Regen ...

Noch manche Merkwürdigkeit gäbe es zu entdecken, doch leider muss das Ende unseres Berichtes offenbleiben. Der Regen, der auf das Hausdach niederprasselt, holt den Träumer aus dem Schlaf. In Decken gehüllt liegt er auf seinem Bett, reibt sich die Augen. Er ist nicht auf Levania, sondern auf der Erde.

Es kommt auf die Perspektive an

Johannes Kepler hatte dieses Weltraumabenteuer, in dem er träumend einen Standortwechsel vornimmt und die Welt aus der Perspektive von fiktiven Mondbewohnern betrachtet, während seiner Prager Zeit aufgeschrieben und später mit wissenschaftlichen Anmerkungen versehen. In Sagan hatte er nur einen Teil davon drucken können, und auch seinem Mitarbeiter Jacob Bartsch war es nicht gelungen, das Werk fertigzustellen.

Dann griff Keplers Sohn Ludwig die Sache wieder auf, sodass 1634 in Frankfurt am Main „Der Traum“ endlich erschien. Der Verkauf des Buches trug nur wenig dazu bei, die finanzielle Not der Familie Kepler zu lindern. Die Erzählung verlangt einiges an Vorstellungskraft, auch ist die Mischung aus Fantasie und Wissenschaft recht ungewöhnlich. Doch damals wie heute gab es begeisterte Leser, manche sprechen sogar von der ersten Science-Fiction der Geschichte.

Kepler hat in seinem Leben viele solcher Standortwechsel vorgenommen. Während seiner Suche nach den Planetengesetzen, als er in der unübersichtlichen Zahlenflut zu ertrinken drohte, rettete er sich im Geist auf einen feststehenden Punkt der Marsbahn – und blickte von da zur Erde. Mit diesem Kunstgriff konnte er das Aussehen der Erdbahn ziemlich genau beschreiben und sich dann von der Erdbahn aus wieder auf Mars stürzen. Der Wechsel des Blickwinkels schenkte ihm wichtige Wahrheiten.

Die Fähigkeit, Dinge von einer anderen Seite aus zu betrachten, führte Kepler immer wieder zu Urteilen, die ganz anders waren als die seiner Zeitgenossen. So kam er, obwohl er Lutheraner war, zu einem milden Urteil über die Calvinisten. Er verstand auch, dass die Theologen seiner eigenen Glaubensrichtung nicht von ihrem Standpunkt abrücken konnten, und hegte keinen Groll gegen sie, als sie ihn schließlich vom Abendmahl ausschlossen.

Kepler, der wusste, dass seine Mutter eine schwierige Person war, behielt dennoch einen klaren Blick für Recht und Gerechtigkeit. Als sie wegen angeblicher Hexerei im Gefängnis saß, ging ihm ihr jämmerlicher Anblick unter die Haut. Er versetzte sich einerseits in ihre schwere Situation, andererseits in die Argumentationsweise der Ankläger, und mit allen Kräften kämpfte er für einen Freispruch.

So wie Kepler versuchte, sich in die Anliegen seiner Verwandten, seiner Freunde, seiner Gönner und kaiserlichen Auftraggeber hineinzudenken, so versuchte er auch, die Welt mit Gottes Augen zu sehen. Wie war Gott bei der Erschaffung der Welt vorgegangen? Welche Ideen sind im Universum verwirklicht? Keplers höchster Wunsch war, dies mit seinem Forschen aufzudecken. Es ging ihm um nichts Geringeres als um Gottes Gedanken, die er verstehen und von denen er anderen Menschen erzählen wollte.

Dies gilt auch von der Schrift vom „Traum vom Mond“, die mehr als eine humorvolle Spielerei ist. Keplers Gedankenexperiment lässt die Phänomene des Himmels in neuem Licht erscheinen und lehrt so manches über astronomische Zusammenhänge. Der aufmerksame Leser darf erkennen, dass diese Zusammenhänge kein Zufall sind, *„da der Geist Schöpfer der Ordnung ist und es nichts Ungeordnetes und Verwirrtes gibt, was der Geist geplant hat"*. So eigenartig uns die Erzählung vom Traum vom Mond erscheinen mag – auch in ihr steckt das Lob des Schöpfers.

Von Kepler lernen

„Wer Kepler hat, hat alles." (Jeremiah Horrocks)

Nur wenige Menschen erkannten zu Lebzeiten Keplers die volle Bedeutung seiner wissenschaftlichen Errungenschaften, und nur langsam setzten sie sich gegen Unverständnis und Widerwillen durch. Einer der ersten Anhänger des großen Astronomen war Jacob Bartsch, der Medizin und Mathematik studiert und die Werke Keplers mit Eifer durchgearbeitet hatte. Nun ging er einen Schritt weiter und berechnete mithilfe der Rudolfinischen Tafeln zahlreiche künftige Positionen von Mond und Planeten. Seine Ergebnisse schickte er Kepler zu und stellte sich für weitere Berechnungen zur Verfügung. Aus dieser Zusammenarbeit entstanden Bücher, die von den Astronomen „Ephemeriden" genannt werden. Sie geben an, an welchem Tag und an welcher Stelle des Himmels man die verschiedenen Gestirne findet. Bartsch wurde, wie wir bereits wissen, später Keplers Schwiegersohn.

Ein anderer Verehrer Keplers war der französische Gelehrte Pierre Gassendi. Als er vom Tod des

Astronomen erfuhr, schrieb er: *„Solche Menschen wie Kepler sollten nie sterben."* Ihm war das Büchlein „Über die seltenen und wunderbaren Ereignisse des Jahres 1631" in die Hände gefallen, in dem Kepler zwei wichtige Vorhersagen machte. Die eine bezog sich auf den Planeten Merkur, der sich gemäß Berechnungen am 7. November in einer Linie mit Erde und Sonne befinden würde. Das bedeutete, dass man an diesem Tag von der Erde aus beobachten könne, wie sich Merkur vor die Sonne schiebt und als kleines, dunkles Scheibchen vor ihr daherzieht. Gassendi nahm diese Vorhersage ernst, und tatsächlich gelang es ihm, diesen Merkurdurchgang zu verfolgen.

Zudem wurde in Keplers Büchlein für den 6. Dezember ein Venusdurchgang angekündigt. Leider fiel dieser in die Nachtstunden und konnte weder von Gassendi noch sonst jemandem in Europa beobachtet werden. Aber auch in Teilen der Welt, wo die Bedingungen günstiger waren – etwa in Amerika –, wurde das seltene Ereignis von niemandem beachtet.

„Wer Kepler hat, hat alles", schrieb der britische Astronom Jeremiah Horrocks, der Kepler zwar nie persönlich kennengelernt hatte, ihn aber dennoch glühend verehrte. Bereits im Alter von 13 Jahren begann Horrocks mit Himmelsbeobachtungen und stellte astronomische Berechnungen an, für die er die astronomischen Tafeln des Niederländers Philippe van Lansberge benutzte. Als er erkannte, dass diese ihn zu falschen Ergebnissen führten, ersetzte er sie durch die Rudolfinischen Tafeln – und war begeistert. Ja, bei

Kepler fand er wirklich das, was er brauchte, um Astronomie zu treiben! Horrocks vertiefte sich immer mehr in Keplers Schriften und warb für sie bei anderen Wissenschaftlern.

Keplers Planetengesetze versetzten Horrocks in die Lage, einen weiteren Venusdurchgang vorauszuberechnen. Am 4. Dezember 1639 stellte er ein Fernrohr auf und ließ damit das Bild der Sonne auf ein Stück Karton fallen. Leider musste er den Beobachtungsposten wegen dringender Geschäfte immer wieder verlassen, und leider war der Himmel meistens von Wolken bedeckt. Um Viertel nach drei aber riss – dank Gottes Eingreifen, wie Horrocks betont – die Wolkendecke auf, und man erkannte vor der Sonne eine kleine Scheibe: die Venus! Rasch machte Horrocks einige Messungen, welche in der Folge zu völlig neuen Erkenntnissen über die Größe von Venus und des Sonnensystems führten.

Abb. 25: Horrocks beobachtet den Venusdurchgang

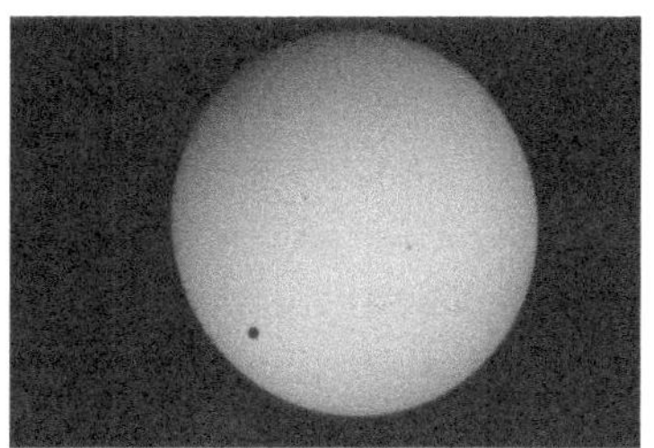

Abb. 26: Venusdurchgang

Jeremiah Horrocks ist es zu verdanken, dass das Werk Keplers in Großbritannien immer bekannter wurde und immer mehr Astronomen einsahen, dass Keplers Methoden die besten Resultate lieferten. Keplers Ruhm drang bis in das Dörfchen Woolsthorpe, wo, abgeschieden von der Welt in einem kleinen Zimmer, ein junger Gelehrter saß und die Seiten seines Notizbuches mit Gedanken und Berechnungen füllte. Es ging ihm um ganz grundsätzliche Fragen: Wie ist die Welt gemacht? Was passiert, wenn sich ein Gegenstand bewegt? Wie kommt es, dass Planeten um die Sonne kreisen, was hält sie auf ihrer Bahn? Zu seiner Lektüre gehörten die Schriften des Italieners Galileo Galilei und des Deutschen Johannes Kepler. Er schrieb Abschnitte aus diesen Büchern ab und dachte stundenlang, tagelang darüber nach. Der Gelehrte notierte seine Ideen mal in lateinischen, mal in englischen Sätzen – oder unter Benutzung von Formeln. Dabei entwarf er völlig neue mathematische Methoden, die später als Differenzial- und Integralrechnung bekannt wurden. Schließlich leitete er ein Gesetz her, mit dem man die Kraft berechnen kann, mit der sich zwei Himmelskörper gegenseitig anziehen. Dieses Gesetz bekam den Namen „Gravitationsgesetz" und hat eine große Ähnlichkeit mit dem dritten Keplerschen Gesetz der Planetenbewegung. Man kann zu Recht sagen: Keplers Bewegungsgesetz war ein Vorläufer des Gravitationsgesetzes und eine wichtige Hilfe bei dessen Auffindung.

Dieser Gelehrte, der später geadelt wurde und Sir Isaac Newton hieß, bekannte: *„Wenn ich weiter gesehen habe, dann deshalb, weil ich auf den Schultern von Riesen stehe."* Einer dieser Riesen war Johannes Kepler. Vieles, was früher rätselhaft gewesen war, verstand man mit Newtons Himmelsmechanik viel besser. Astronomen konnten nun Bahnen von Himmelskörpern genau berechnen, Physiker und Techniker waren in der Lage, Weltraumflüge zu planen und durchzuführen. Man spricht deshalb auch von der Newtonschen Physik oder gar vom Newtonschen Weltbild. Dabei sollte man aber nie vergessen, dass Menschen wie Galilei und Kepler einen großen Anteil daran hatten.

Nicht nur auf den Gebieten der Astronomie, Physik und Mathematik kann man von Kepler lernen. Der Schriftsteller Johann Wolfgang von Goethe rühmte Keplers Sprachkraft, seinen Sinn für Humor und die Leichtigkeit, mit der er über verwickelte Themen schrieb: *„Die ernstesten Dinge behandelt er mit Heiterkeit."*[3]

---

3 Goethe hat Kepler in seinen naturwissenschaftlichen Schriften einen ganzen Abschnitt gewidmet. Siehe die „Hamburger Ausgabe" im Christian Wegner Verlag, 1981, Band 14, S. 99 –101

Goethe war beeindruckt von Keplers Kenntnis der griechischen und lateinischen Literatur. Es gefiel ihm, dass Kepler die Verdienste anderer Wissenschaftler nicht verschwieg, sondern ihnen ganz offen Lob zollte und nicht mehr gelten wollte als sie. Das alles tat Kepler, obwohl seine äußeren Lebensbedingungen unsagbar schwer waren!

Zu einem ähnlichen Urteil kam der Nobelpreisträger Albert Einstein. In einem Zeitungsartikel zu Keplers 350. Geburtstag[4] nennt er ihn einen *„überragenden, stillen Menschen"*, der bei der Auffindung der Planetengesetze vor schier unüberwindlichen Schwierigkeiten stand. Dennoch war Kepler bereit, diese Aufgabe in Angriff zu nehmen, und opferte ihr *„Jahrzehnte geduldiger, schwerer Arbeit"*. Diese Arbeit verrichtete er einsam, nur von wenigen gestützt und verstanden. Sein Antrieb dabei waren – ähnlich wie bei Einstein – eine tiefe Ehrfurcht vor *„der rätselhaften Harmonie der Natur"* und der *„Glaube an die Gesetzlichkeit"* des Naturablaufs.

„Was machte ihn zu etwas Besonderem?" Diese Frage stellt sich der amerikanische Jugendbuchautor John Hudson Tiner – und antwortet: *„Wie kein anderer vor oder nach ihm verflocht Kepler seine religiösen Überzeugungen mit seinen wissenschaftlichen Entdeckungen. Er glaubte an eine grundlegende Harmonie des Universums – eine Harmonie, die der Schöpfer hineingelegt*

4 Aus „Mein Weltbild" von Albert Einstein, Europa Verlag 2021, S. 184–188

hatte ... Auf großartige Weise zeigte er, welche Freude es macht, Gottes Werke zu erforschen.“[5]

All diese Stimmen sagen klar: Die Beschäftigung mit Johannes Kepler lohnt sich! Mit seiner Hingabe und Ausdauer, mit dem Ernstnehmen seiner Berufung, mit seiner Selbstlosigkeit und Aufrichtigkeit will uns der schwäbische Astronom ein Ansporn sein. In seinem Festhalten an Gott ist er uns ein Mut machender Glaubenszeuge.

---

5 Aus „Giant of Faith and Science / Johannes Kepler“ von John Hudson Tiner, Mott Media 1977 (S. 196–197)

MATERIALIEN

Anhand folgender Informationen können einige Themen vertieft und für Gemeindeveranstaltungen aufbereitet werden. Die Kepler-Zitate sind den am Schluss angegebenen Quellen entnommen.

Glaube und Naturforschung

Keplers Forschen ist von seinem christlichen Glauben motiviert. Er forscht, weil er an einen Schöpfergott glaubt und dessen Gedanken nachdenken will. Die Ergebnisse seiner Forschung wiederum bestätigen und stärken seinen Glauben.

Kepler ist kein reiner Verstandesmensch. Seine als Wissenschaftler erworbenen Einsichten ergreifen ihn emotional, was er immer wieder in überschwänglichen Gebeten zum Ausdruck bringt. Die Schönheit der Natur, wie sie vor Augen liegt, aber auch die Dinge dahinter, die versteckten Ordnungen und Gesetzmäßigkeiten, drängen ihn zum Lob Gottes.

Die verschiedenen Aspekte der Naturerforschung und ihr Verhältnis zum Glauben können anhand ausgewählter Kapitel dieses Buches näher behandelt werden. Hilfreich sind passende Zitate aus Keplers Schriften und der Bibel.

- Die Kapitel „Der große Komet“, „Der neue Stern“ und „Sternförmige Nichtse“ handeln von Wundern der Schöpfung, die dem bloßen Auge zugänglich sind.

- Zur Erforschung der im Kapitel „Fernrohrgeister“ beschriebenen Phänomene benötigt der Mensch technische Hilfsmittel.
- Um Naturgesetze und ihre Formulierung in mathematischer Sprache geht es in den Kapiteln „Das Weltgeheimnis“, „Die Planetenbewegung“, „Was fasst ein Fass“ und „Weltharmonik“.

Aussagen von Johannes Kepler zu „Glaube und Naturforschung“

„Nichts ist größer und erhabener als das Weltall. Wünscht man etwas Wundervolles? Nichts ist kostbarer, nichts schöner als dieser strahlende Gottestempel.“

Brief an Freiherrn von Herberstein und die Stände von Steiermark, 15.05.1596 (Baumgardt, S. 29)

„Unsere Andacht ist umso tiefer, je klarer wir die Schöpfung und ihre Größe erkennen. Wie viel Loblieder sang doch David, ein echter Diener des wahren Gottes! Seine Gesänge schuf er, indem er die Gestirne bewundernd beobachtete. ‚Die Himmel rühmen die Ehre Gottes‘, so heißt es bei ihm.“

Brief an Freiherrn von Herberstein und die Stände von Steiermark, 15.05.1596 (Baumgardt, S. 29)

„Unser Schöpfer gab uns außer den Sinnen auch den Geist, nicht bloß deswegen, damit sich der Mensch die Lebensnotdurft erwirbt. Das könnten viele Arten von

Lebewesen mit ihrer unvernünftigen Seele weit geschickter. Sondern unser Schöpfer wollte uns von den Erscheinungen der Dinge, die wir mit unseren Augen sehen, fortführen zu den Ursachen des Seins und Werdens, obgleich das für uns nicht von unmittelbarem Nutzen zu sein braucht. Der Körper des Menschen wird wie der des Tieres durch Essen und Trinken erhalten. Des Menschen Seele aber ist etwas vom Menschen ganz Verschiedenes. Sie wird am Leben erhalten, bereichert und im Wachstum gefördert durch jene Nahrung, die Erkenntnis heißt.“
Brief an Freiherrn von Herberstein und die Stände von Steiermark, 15.05.1596 (Baumgardt, S. 30–31)

„Ich denke somit: Da wir Astronomen im Hinblick auf das Buch der Natur die Priester des höchsten Gottes sind, sollten wir nicht auf den Ruhm unseres Geistes, sondern auf den Ruhm Gottes bedacht sein.“
Brief an Herwart von Hohenburg, 26.03.1598 (Baumgardt, S. 39)

„Ich will mich wirklich nicht rühmen und ich erwarte keine Lobesworte vom Leser, denn es ist unsere Pflicht, die siebensaitige Harfe der schöpferischen Weisheit zu schlagen.“
Widmung aus der 2. Auflage des „Weltgeheimnis“, 30.06.1621 (Baumgardt, S. 106)

„Für Gott gibt es in der ganzen Körperwelt körperliche Gesetze, Zahlen und Verhältnisse. Es sind wunderschöne

und auf das Beste angeordnete Gesetze ... Jene Gesetze liegen im Fassungsvermögen des Menschen. Gott wollte, dass wir sie erkennen. Er schuf uns deswegen nach seinem Bilde, damit wir an seinen eigenen Gedanken Anteil bekämen."
Brief an Herwart von Hohenburg, 9.–10.04.1599 (Baumgardt, S. 43)

„Reinen Sinnes bete ich, wir möchten nach dem gnädigen Willen des allweisen Schöpfers, mit der Zustimmung und nach dem Geheiß seines Geistes über die Geheimnisse seiner Planungen zu reden vermögen. Ich halte es für ein Recht, ja, für eine Pflicht, in behutsamer Weise nach den Zahlen, Maßen und Gewichten zu forschen, nach deren Norm er alles geschaffen hat. Denn er selber hat den Menschen an der Kenntnis dieser Dinge teilnehmen lassen und damit nicht zum kleinsten Teil sein Ebenbild in den Menschen gesetzt. Indem er dieses Bild, das er gemacht hatte, als sehr gut erkannte, wird er umso mehr unser Bemühen anerkennen, mit dem Licht dieses Bildes auch die Verwendung der Zahlen, Gewichte und Maße, die er beim Erschaffen vorgezeichnet hat, in das Licht der Erkenntnis zu rücken. Denn diese Geheimnisse sind nicht derart, dass uns ihre Erforschung verboten wäre, sie sind uns vielmehr als ein Spiegel vor die Augen gestellt, dass wir durch ihre Untersuchung die Güte und Weisheit des Schöpfers einigermaßen erschauen."
Aus „Abriss der copernicanischen Astronomie" (Caspar, S. 458)

„Ich aber suche die Spur deines Geistes draußen im Weltall, schaue verzückt die Pracht des mächtigen Himmelsgebäudes, dieses kunstvolle Werk, deiner Allmacht herrliche Wunder."
Gebet aus dem „Weltgeheimnis", 1596 (Posch, S. 53)

„O Du, der Du durch das Licht der Natur das Verlangen in uns mehrtest nach dem Licht Deiner Gnade, um uns durch dieses zum Licht Deiner Herrlichkeit zu geleiten, ich sage dir Dank, Schöpfer, Gott, weil Du mir Freude gegeben hast an dem, was Du gemacht hast, und ich frohlocke über die Werke Deiner Hände. Siehe, ich habe jetzt das Werk vollendet, zu dem ich berufen ward. Ich habe dabei alle die Kräfte meines Geistes genutzt, die Du mir verliehen hast. Ich habe die Herrlichkeit Deiner Werke den Menschen geoffenbart, so viel von ihrem unendlichen Reichtum mein enger Verstand hat erfassen können. Mein Geist ist bereit gewesen, den Weg richtigen und wahren Forschens einzuhalten. Wenn ich mich durch die staunenswerte Schönheit Deiner Werke zu Verwegenheit habe verleiten lassen, oder wenn ich an meinem eigenen Ruhm bei den Menschen Gefallen gefunden habe in dem erfolgreichen Fortgang meines Werkes, das zu Deinem Ruhm bestimmt ist, so vergib mir in Deiner Milde und Barmherzigkeit."
Gebet aus der „Weltharmonik", 1619 (Caspar, S. 451)

„Groß ist Gott, unser Herr, groß seine Macht und seiner Weisheit ist kein Ende. Lobet IHN, ihr Himmel, preiset IHN, Sonne und Mond und ihr Planeten mit allen euren

Sinnen, mit denen ihr IHN wahrnehmt, und preiset IHN in gleich welcher Sprache, lobet IHN.“
Gebet aus der „Weltharmonik“, 1619 (Baumgardt, S. 104)

Aussagen der Bibel über Gottes Schöpfermacht
„Du, Jahwe, bist der einzige Gott. Du hast alle Himmel gemacht, die ganze Himmelswelt und alle Heerscharen darin, die Erde und alles, was auf ihr lebt, die Meere und alles, was in ihnen ist. Ihnen allen hast du das Leben geschenkt, und das Heer des Himmels betet dich an.“ (Nehemia 9,6)

„Der Himmel rühmt die Herrlichkeit Gottes, und die Wölbung bezeugt des Schöpfers Hand.“ (Psalm 19,2)

„Durch Jahwes Wort entstand der Himmel, das Heer der Sterne durch einen Hauch aus seinem Mund.“ (Psalm 33,6)

„Er hat den Mond gemacht, der die Zeiten bestimmt, die Sonne, die ihren Untergang kennt.“ (Psalm 104,19)

„Wie zahlreich sind deine Werke, Jahwe! Du hast sie alle mit Weisheit gemacht. Von deinen Geschöpfen ist die Erde erfüllt.“ (Psalm 104,24)

„Gewaltig sind die Taten Jahwes, wer sie erforscht, hat Freude daran.“ (Psalm 111,2)

„Ich richte meinen Blick hinauf zu dir, zum Himmel hoch, wo du thronst." (Psalm 123,1)

„Halleluja, preist Jahwe! Lobt Jahwe vom Himmel her, lobt ihn dort in den Höhen! Lobt ihn, alle seine Engel! Lobe ihn, du himmlisches Heer! Lobt ihn, Sonne und Mond! Lobt ihn, ihr leuchtenden Sterne! Lobt ihn, ihr allerhöchsten Himmel und du Wasser da oben am Firmament!" (Psalm 148,1-4)

„Gott schuf die Erde durch seine Kraft, durch Weisheit gründete er das feste Land und durch Einsicht breitete er den Himmel aus." (Jeremia 10,12)

„Denn in ihm wurde alles erschaffen: im Himmel und auf der Erde, das Sichtbare und das Unsichtbare, Thronende und Herrschende, Mächte und Gewalten. Alles ist durch ihn geschaffen und vollendet sich in ihm. Vor allem war er da, und alles hat in ihm Bestand." (Kolosser 1,16-17)

Astrologie

Die Astrologie beruht auf der Vorstellung, dass der Lauf der Gestirne die irdischen Verhältnisse beeinflusst. Insbesondere geht man davon aus, dass die charakterliche Prägung des einzelnen Menschen und sein Schicksal davon abhängen, wie bei seiner Geburt Sonne, Mond und Planeten am Himmel standen.

Bis ins Mittelalter hinein lagen Astrologie und Astronomie nahe beieinander. Der Astrologe musste vergangene und zukünftige Planetenkonstellationen berechnen können, musste also nach Gesetzmäßigkeiten in den Abläufen am Himmel Ausschau halten. Die Astronomie war sozusagen eine Hilfswissenschaft der Astrologie. Oftmals wurden beide Begriffe im gleichen Sinn benutzt.

Seit jeher gab es Gegner der Astrologie. Martin Luther, der nur biblische Prophetie akzeptierte, verwarf sie. Doch nicht alle Reformatoren dachten gleich. Luthers Mitarbeiter Philipp Melanchthon befasste sich eingehend mit der Erstellung von Horoskopen und stand im Austausch mit anderen Astrologen.

Auch zu Keplers Zeit gab es extreme Vertreter beider Richtungen. Völlig der Astrologie ergeben war der Schwabe Helisäus Röslin, den die Beobachtung von Kometen und des neuen Sterns aus dem Jahr 1604 zu wilden Prophezeiungen trieb. Er stellte sich in einem „Discurs von heutiger Zeit“ vehement gegen Keplers zurückhaltende Deutung dieser Phänomene. Kepler verfasste die Gegenschrift „Antwort auf Röslini Discurs“, in der er Röslins Argumente widerlegt und zu Zurückhaltung in Sachen Astrologie rät.

Philipp Feselius war ein strikter Gegner der Astrologie und brachte dies in der Schrift „Discurs von der Astrologia iudiciaria“ zum Ausdruck. Doch auch dieser Standpunkt war nicht nach Keplers Sinn. In seinem Büchlein *„Tertius Interveniens“* mahnt er, dass man die Astrologie nicht in Bausch und Bogen verwerfen dürfe, sondern beteuert, *„dass aus der astrologischen Narrheit und Gottlosigkeit“* auch ein gutes Körnlein kommen könne. Dahinter steckt Keplers Glaube an eine sinnvolle Weltordnung, in der ein Zusammenhang zwischen Gestirnen und menschlicher Seele bestehe. Der Einfluss der Gestirne sei demnach kein magischer, sondern ein psychischer. Es sei ein instinktives Reagieren des Menschen auf bestimmte Konstellationen – ähnlich wie das irdische Wetter vom Stand des Mondes beeinflusst wird.

Kepler nahm also eine Mittelstellung zwischen beiden Positionen ein. Er lehnte den Großteil der astrologischen Regeln ab, warnte davor, sich von astrologischen Prophezeiungen schrecken und lähmen zu lassen, war aber dennoch überzeugt, dass eine Prägung des Menschen durch die Gestirne stattfindet, und war deshalb bemüht, solchen Zusammenhängen nachzuforschen.

Eine wissenschaftliche Begründung der Astrologie stellte sich in den Jahren nach Kepler allerdings als unmöglich heraus, weshalb der Astronom und Astrologiekritiker Carl Sagan in Johannes Kepler den *„letzten wissenschaftlichen Astrologen“* sieht. Die Astrologie wurde zur „schmutzigen Schwester der Astronomie“ und verschwand aus den Universitäten.

Dennoch gibt es eine Vielzahl astrologischer Institute oder Websites, die sich, wohl mit dem Ziel, ihrer Tätigkeit einen Schein von Wissenschaftlichkeit zu geben, auf Kepler berufen. Es liegt aber viel näher, Keplers Zugeständnisse an die Astrologie als zeitbedingt und heute überholt anzusehen.

Aussagen von Johannes Kepler zur Astrologie

Siehe auch die Kapitel „Erfüllte Prophezeiungen“ und „General Wallenstein“. Die folgenden Zitate belegen, dass Kepler in seiner Einstellung zur Astrologie schwankend ist.

Kepler erklärt mit Sternenkonstellationen Charaktereigenschaften seiner Vorfahren. Über seinen Vater schreibt er: *„Ein bösartiger, unnachgiebiger, streitsüchtiger und zu einem schlimmen Ende bestimmter Mann. Venus und Merkur erhöhten seine Bosheit. Jupiter, nahe an der Sonne im Abstieg, machte ihn arm, gab ihm aber ein reiches Weib.“*
(Koestler, S. 229)

Über sich selbst schreibt er: *„Bei mir wirken Saturn und Sonne im Sextilschein zusammen ... Daher ist mein Körper trocken und knotig, nicht groß. Die Seele ist kleinmütig, versteckt sich ganz in literarischen Winkeln.“*
(Posch, S. 19-20)

In einem Brief an Michael Mästlin beschreibt er sich als gemäßigten Verteidiger der Astrologie: *„Wenn Sie das billigen, so werden Sie mir – als Verteidiger der Astrologie in Wort und Tat – nicht böse sein, wenn ich gleichzeitig versuche, kein astrologischer Marktschreier zu sein.“*
(Baumgardt, S. 42)

Über den neuen Stern von 1604 schreibt er in einem Kalender für das Jahr 1606: *„Seine Bedeutung*

betreffend, insofern sie uns etwas angeht, sind wir ohne Zweifel schon mittendrin, weshalb sich niemand nach dem, was erst kommen soll, vergaffen, sondern viel mehr danach trachten möge, wie er des allseits vorhandenen Unheils mit Gottes Hilfe entkomme."
(Gesammelte Werke 11, 2, S. 135)

Interessant ist der Titel dieses Kalenders: *„Prognosticum, das ist beiläufige, aus des Himmelslauf und natürlichen gewöhnlichen Ursachen hergenommene Vermutungen von dem Gewitter und Zustand des angehenden Jahres nach der Geburt Jesu Christi unseres Erlösers".*
(Gesammelte Werke 11, 2, S. 126)

Einem Vertrauten Kaiser Rudolfs schreibt Kepler: *„Kurzum, ich bin der Ansicht, dass die Astrologie nicht nur aus dem Senat hinaus muss, sondern auch aus den Köpfen jener, die heute den Kaiser am besten beraten wollen. Man muss die Astrologen vom Kaiser fernhalten."*
(Baumgardt, S. 83)

1625 schreibt Kepler in ein Stammbuch: *„Ach Sinn der Menschen, ach wie viel an der astrologischen Kunst ist leer."*
(Gesammelte Werke 19, S. 378)

Aussagen der Bibel zu den Gestirnen

Gott hat die Gestirne für bestimmte Aufgaben geschaffen:

„Dann sprach Gott: ‚An der Wölbung des Himmels sollen Lichter entstehen. Sie sollen Tag und Nacht voneinander trennen, und als leuchtende Zeichen sollen sie die Zeiten bestimmen: Tage, Feste und Jahre. Außerdem sollen sie als Lichter am Himmelsgewölbe die Erde beleuchten.' So geschah es." (1. Mose 1,14-15)

„Er hat die großen Lichter gemacht, seine Gnade hört nie auf; die Sonne, zu regieren den Tag, seine Gnade hört nie auf; den Mond und die Sterne zur Nacht. Seine Gnade hört nie auf." (Psalm 136,7-9)

„So spricht Jahwe, der die Sonne zum Licht für den Tag bestimmte und die Gesetze von Mond und Sternen zum Licht für die Nacht, der das Meer aufwühlt, dass seine Wogen dröhnen. Er heißt Jahwe, der Allmächtige." (Psalm 31,35)

Die Gestirne sollen nicht Gegenstand unserer Anbetung sein – aber zur Anbetung Gottes führen. Sie zeigen Gottes Schöpfermacht im Gegensatz zu unserer Begrenztheit:

„Und wenn ihr zum Himmel aufblickt und die Sonne, den Mond und die Sterne seht, das ganze Himmelsheer, dann lasst euch ja nicht verleiten, vor ihnen niederzufallen und sie zu verehren. Jahwe, dein Gott, hat sie doch allen Völkern auf der ganzen Welt zugeteilt." (5. Mose 4,19)

„Jahwe, du unser Herr, wie herrlich ist dein Name überall auf der Welt! Über den Himmel breitest du deine

Hoheit aus ... Sooft ich den Himmel ansehe, das Werk deiner Hand, den Mond und die Sterne, die du gemacht hast: Was ist da der Mensch, dass du an ihn denkst, der Adamssohn, dass du Acht auf ihn hast?" (Psalm 8,2.4-5)

„Er spricht zur Sonne, dann strahlt sie nicht auf, er kann sogar die Sterne versiegeln. Er allein, er spannt den Himmel aus, schreitet auf den Wogen des Meeres. Er hat den großen Bären gemacht, den Orion und das Siebengestirn und alle Sterne des Südens. Er schafft so Großes, Unergründliches, tut Wunder, die niemand mehr zählt." (Hiob 9,7-9)

„Schnürst du die Bänder des Siebengestirns, löst du die Fesseln des Orion? Führst du die Tierkreisbilder zu ihrer Zeit aus, leitest du den großen Bären samt seinen Jungen? Kennst du die Gesetze des Himmels? Setzt du seine Herrschaft auf der Erde durch?" (Hiob 38,31-32)

Die Sterne sind ein Bild für das Unzählbare. Aber Gott kann es zählen:

„Blick doch zum Himmel auf und zähle die Sterne, wenn du es kannst!" (1. Mose 15,5)

„Er hat die Sterne alle gezählt und nennt sie alle mit Namen." (Psalm 147,4)

Nirgendwo in der Bibel werden die Menschen aufgefordert, sich mit Sterndeuterei zu befassen. Die im Alten

Testament erwähnten Sterndeuter sind allesamt Heiden, deren Kunst nicht ausreicht, um Gottes Geheimnisse zu erforschen (vgl. Daniel 2,4-5). Ein einziges Mal wird berichtet, wie Gott eine Sternenkonstellation benutzt, um Menschen zu Jesus führen (Matthäus 2,1-12).

Bedrängnis und Verfolgung

Die sich in der Reformation gebildeten Glaubensrichtungen gewannen in der zweiten Hälfte des 16. Jahrhunderts an Kontur, die Glaubensinhalte bekamen verbindliche Formulierungen, die Abgrenzung zwischen den Konfessionen wurde schärfer. Der Historiker Heinz Schilling beschreibt dies mit dem Begriff „Konfessionalisierung". Dazu gehören:

- Das von Philipp Melanchthon verfasste „Augsburger Bekenntnis", ein für die lutherische Kirche bindendes Dokument, das am Reichstag zu Augsburg (1530) verlesen wurde.
- Erstarkung der lutherischen Orthodoxie. In der Konkordienformel (1577) wird der lutherische Glaube prägnant formuliert und von anderen Richtungen abgegrenzt.
- Erneuerungsbewegungen in der katholischen Kirche (Konzil zu Trient ab 1545), daneben Bemühungen, den Protestantismus zurückzudrängen. Dies geschah teils durch Propaganda, teils mit Gewalt. Einen entscheidenden Anteil an dieser

sogenannten Gegenreformation hatte der Jesuitenorden.

Für Johannes Kepler war zeitlebens ein klarer Standpunkt in Glaubensfragen wichtig. Allerdings bekam er die negativen Seiten der „Konfessionalisierung“ deutlich zu spüren. Seine eigenen Glaubensgenossen feindeten ihn an, verwehrten ihm eine Professur im lutherischen Tübingen und schlossen ihn vom Abendmahl aus. 1617 wurde Kepler eine Professur an der Universität Bologna angeboten. Er lehnte ab, weil er dazu hätte katholisch werden müssen. Besonders einschneidend für ihn waren die gegenreformatorischen Maßnahmen in Graz und Linz.

Bei all diesen Konflikten ging es stets um Glaubensfragen, nicht um Keplers wissenschaftliches Arbeiten. Zwar wurde sein Werk „Abriss der copernicanischen Astronomie“ wegen der Befürwortung des kopernikanischen Weltbildes 1619 in Rom auf den Index der verbotenen Bücher gesetzt. Dies bedeutete aber keine Einschränkung von Keplers wissenschaftlicher Tätigkeit, er hatte deswegen auch keinen Prozess zu befürchten wie später Galileo Galilei.

Aussagen von Johannes Kepler zum Thema „Bedrängnis und Verfolgung“

„Denn beim Aufstieg werde ich immer bedrängt. Wohl ändern sich die Umstände, aber die Form bleibt die gleiche. Wie weit ich auch gekommen bin, ich bin überall auf starke Gegnerschaft gestoßen.“

(Brief an Herwart von Hohenburg, 9. und 10. April 1599, Baumgardt, S. 45)

„Ich möchte mit meiner Familie zu Schiff auf der Donau zu Ihnen kommen, wenn Gott mich das alles überstehen lässt. Ich würde Arzt werden, wenn Sie mir vielleicht zu einer kleinen Professur verhelfen. Denn wahrhaftig: Ich, der ich reich zu werden hoffte, bin nun bettelarm geworden.“
Brief an Michael Mästlin, 19.09.1600 (Baumgardt, S. 48)

„Das ist alles so schwer. Aber ich hätte nicht geglaubt, dass es in Gemeinschaft mit den Brüdern so süß ist, unseres Glaubens wegen und um Christi Ehre willen Schimpf und Schaden zu erleiden, Haus, Äcker, Freunde und Heimat aufzugeben.“
Brief an Michael Mästlin, 19.09.1600 (Baumgardt, S. 48f.)

„Das Gefühl der Zusammengehörigkeit tröstet einen etwas in dieser zänkischen Zeit, in der sich die Menschheit in so viele verschiedene Parteien zersplittert hat.“
Brief an Michael Mästlin, 22.12.1616 (Baumgardt, S. 89)

„Nicht Haarspalterei, sondern brüderliche Liebe lässt es bei mir nicht zu, die zu verdammen, die sich an die alten Lehren halten und ich will ihnen lieber folgen als der Konkordienformel in jenem Artikel über die Person Christi ... Ich weiß, dass man dem Feinde Gutes tun und jene lieben soll, die uns hassen; dass man also ihre Reden prüfen soll ohne Rücksicht darauf, ob

sie das Liebesgebot verletzten. Wenn Ihr Theologen mir, dem Laien, darin nicht folgen könnt, werde ich deswegen nicht Euer hohes Amt störrisch verneinen. Wenn ich etwas Gewagtes sagte, so bin ich bereit, es auf Eure Mahnung hin zurückzunehmen und darüber zu schweigen ...“
Brief an Matthias Hafenreffer, 11.04.1619 (Baumgardt, S. 91–92)

Aussagen der Bibel zum Thema „Bedrängnis und Verfolgung“

„Die sollen sich nicht über mich freuen, die mich anfeinden ohne Grund. Die, die mich ohne Ursache hassen, sollen vergeblich ihre Augen verdrehen. Denn was sie reden, dient nicht dem Frieden. Gegen die Stillen im Land denken sie sich Verleumdungen aus. Ihr Maul reißen sie weit gegen mich auf und höhnen: ‚Haha! Haha! Wir haben es genau gesehen!‘“ Du hast es gesehen, Jahwe. Schweige doch nicht, Herr, bleib mir nicht fern! Steh auf und greif ein! Verschaffe mir Recht, mein Gott! Herr, führ du meinen Streit! “ (Psalm 35,19-23)

„Lass Jahwe dich führen! Vertraue ihm, dann handelt er. Er wird dein Recht aufgehen lassen wie das Licht, deine Gerechtigkeit wie die Sonne am Mittag. Sei still vor Jahwe und warte auf ihn! Reg dich nicht auf über den, dem alles gelingt, über den, der böse Pläne ausführt. Steh ab vom Zorn und lass den Grimm! Reg dich nicht auf! Das führt nur zum Bösen.“ (Psalm 37,5-8)

„Überall ermutigten sie die Jünger und ermahnten sie, im Glauben standhaft zu bleiben. ‚Wir müssen durch manche Bedrängnis hindurch', sagten sie, ‚bevor wir in Gottes Reich einkehren.'" (Apostelgeschichte 14,22)

„Was kann uns da noch von Christus und seiner Liebe trennen? Bedrängnis? Angst? Verfolgung? Hunger? Kälte? Lebensgefahr? Das Schwert des Henkers?" (Römer 8,35)

„Lass dich nicht vom Bösen besiegen, sondern besiege das Böse mit dem Guten!" (Römer 12,21)

Hexenprozesse

Im frühen Mittelalter gab es nur vereinzelt Hexenprozesse. Es dominierte die Überzeugung, dass dämonische Mächte über einen gläubigen Christen keine Macht haben. Zauberei wurde als heidnische Verirrung oder gar Einbildung angesehen, gegen welche mit geistlichen Waffen angegangen werden müsse. Zu den gegebenenfalls auferlegten Strafen gehörten Bußübungen und im Extremfall Ausschluss aus der kirchlichen Gemeinschaft.

Die regelrechte Jagd auf Menschen, die vermeintlich mit dem Teufel im Bunde stehen, ist eine Erscheinung der frühen Neuzeit. In den Jahren 1550 bis 1650 erreichte der sogenannte „Hexenwahn" mit Festnahmen und Hinrichtungen seinen Höhepunkt. Am stärksten betroffen war das Deutsche Reich, in dem Tausende von Menschen, zum Großteil Frauen, auf dem Scheiterhaufen endeten. Dabei zeigt sich kein Zusammenhang mit der Konfession eines Landes. In katholischen Gebieten herrschte der Hexenwahn ebenso wie in protestantischen. Erstaunlich ist, dass sich auch die Reformatoren Martin Luther und Johannes Calvin unter Berufung auf 2. Mose 22,17 für Hexenprozesse aussprachen.

Während seiner Tätigkeit als Beichtvater von Frauen, die wegen Hexerei verurteilt waren, bekam der Jesuit Friedrich Spee Zweifel an den Hexenprozessen. Dies brachte er 1631 in der Schrift „Cautio Criminalis" (Rechtliche Bedenken wegen der Hexenprozesse) zum Ausdruck, die er zu seinem Schutz anonym herausgeben musste. Man kennt Friedrich Spee heute noch als Dichter der Lieder „Zu Bethlehem geboren" und „O Heiland reiß die Himmel auf". Neben ihm gab es noch andere mutige Bekämpfer des Hexenwahns.

Johannes Kepler hat während des Prozesses seiner Mutter nie den Hexenwahn als solchen bekämpft. Ihm ging es nicht um die Frage, ob es Hexerei gibt oder nicht, sondern er wollte beweisen, dass seine Mutter keine Hexe war.

Berufung

Welcher Aufgabe soll ich mein Leben widmen? Was ist Gottes Plan für mich in dieser Welt? Wozu beruft er mich? Diese Fragen beschäftigten Johannes Kepler schon in jungen Jahren. Er kam zu der Überzeugung, dass er Gott nirgends besser dienen konnte als auf der Kanzel, strebte also das an, was man heutzutage den „vollzeitlichen Dienst“ nennt.

Es kam anders. Statt Pfarrer und Seelenhirte wurde er Mathematiklehrer, dann kaiserlicher Mathematiker und Hofastronom. Anfangs haderte er mit der Änderung seiner Pläne. Doch bald konnte er dies als Gottes Führung annehmen und erkennen, dass man auch als Naturforscher zur Ehre Gottes arbeiten kann. Gott hatte ihn zum Astronomen berufen, um den Geheimnissen des Weltalls nachzuspüren und die Weisheit des Schöpfers zu verherrlichen. Kepler stürzte sich mit vollem Einsatz in diese Aufgabe.

Aussagen von Johannes Kepler zum Thema „Berufung“

„Ich wollte Theologe werden; lange war ich in Unruhe. Nun aber seht, wie Gott durch mein Bemühen auch in der Astronomie gefeiert wird.“
Brief an Michael Mästlin, 3. Oktober 1595 (Baumgardt, S. 28)

„Ich denke somit: Da wir Astronomen im Hinblick auf das Buch der Natur die Priester des höchsten Gottes sind, sollten wir nicht auf den Ruhm unseres Geistes, sondern auf den Ruhm Gottes bedacht sein.“
Brief an Herwart von Hohenburg, 26.03.1598 Baumgardt, S. 39)

„Wenn also Gott überhaupt an der Himmelskunde gelegen ist – was zu glauben die Frömmigkeit verlangt –, so hoffe ich, dass ich auf diesem Gebiete etwas leisten werde.“

Brief an Michael Mästlin, 20.12.1601, Baumgardt, S. 58)
„Da ich nun also durch die Gnade Seiner Majestät des Kaisers und durch Ihre Güte zum Verkünder Gottes wurde, des Schöpfers der Natur, schuf ich diesen Lobgesang auf Gott den Schöpfer.“
Widmung aus Keplers Werk „Abriss der copernicanischen Astronomie“, 13.08.1617 (Baumgardt, S. 102)

Aussagen der Bibel zum Thema „Berufung“
Diese Verse sollen Mut machen, in der Frage um Beruf und Berufung nach Gottes Willen zu forschen und das Gelingen unserer Aufgaben in seine Hand zu legen.

„Herr, unser Gott, zeig uns deine Freundlichkeit, lass unsre Arbeit nicht vergeblich sein, ja, lass gelingen, was wir tun!“ (Psalm 90,17)

„Lass mich schon früh am Morgen deine Gnade erfahren, denn ich setze mein Vertrauen auf dich. Zeig mir den Weg, den ich gehen soll, denn auf dich richte ich meinen Sinn!“ (Psalm 143,8)

„Lehre mich zu tun, was dir gefällt, denn du bist mein Gott! Dein guter Geist führe mich auf ebenes Land!“ (Psalm 143,10)

„Denn Jahwe hat die Wege des Menschen im Blick, auf seine Pfade gibt er Acht.“ (Sprüche 5,21)

„Vertraue Jahwe deine Vorhaben an, dann werden deine Pläne gelingen.“ (Sprüche 16,3)

„Das Herz des Menschen plant seinen Weg, aber Jahwe lenkt seinen Schritt.“ (Sprüche 16,9)

„Von Jahwe werden unsere Schritte gelenkt. Was versteht der Mensch von seinem Weg?“ (Sprüche 20,24)

„Er rief zehn seiner Diener zu sich und gab jedem ein Pfund Silbergeld. ‚Arbeitet damit, bis ich wiederkomme!‘, sagte er.“ (Lukas 19,13)

„Es ist ein wahres Wort: Wenn sich jemand um einen Leitungsdienst in der Gemeinde bemüht, dann sucht er eine schöne Aufgabe.“ (1. Timotheus 3,1)

„Jeder soll in dem Stand bleiben, in dem er berufen wurde.“ (1. Korinther 7,20)

„Überhaupt alles, was ihr tut und sagt, sollt ihr im Namen des Herrn Jesus tun und durch ihn Gott, dem Vater, danken!“ (1. Korinther 3,17)

Kepler im Schulunterricht

Zu jeder Unterrichtseinheit ein Kapitel aus Keplers Lebensgeschichte erzählen!

Kalender
Wir beschäftigen uns mit dem heute gebräuchlichen gregorianischen Kalender. Wann gibt es Schaltjahre? Welcher Tag wird als Schalttag benutzt? Sind auch andere Kalendersysteme denkbar? Wo gibt es bei uns noch Überbleibsel des jüdischen Mondkalenders? Wie ist der chinesische Kalender aufgebaut? Warum sind wir auf einen funktionierenden Kalender angewiesen?

Platonische Körper
Wir basteln platonische Körper – Vorlagen gibt's im Internet. Bestimme die Anzahl der Ecken, Kanten und Flächen der platonischen Körper. Warum gibt es genau fünf platonische Körper? Wo spielen sie noch eine Rolle? Warum haben die platonischen Körper Kepler derart fasziniert?

Epizykel
Wenn man Planeten über längere Zeit beobachtet, erkennt man, dass sie am Sternenhimmel Schleifen beschreiben. Wie kann man so eine Schleife konstruieren? Schneide dazu aus einem Karton eine Kreisscheibe aus und lass darin einen geeigneten Kreis abrollen, an dessen Ende ein Bleistift befestigt ist.
(Animation: https://www.geogebra.org/m/rmwSvkzT)

Ellipse
Wir konstruieren eine Ellipse. Welche Eigenschaften haben Ellipsen? Wie erhält man eine Ellipse, die einem Kreis nahekommt?

Fernrohr
Wir informieren uns über Aufbau und Funktionsweise des Keplerschen Fernrohrs. Worin unterscheidet es sich von Galileis Fernrohr?

Bienenwaben
Wir informieren uns über das Thema „Parkettierungen der Ebene“ und untersuchen einige einfache Parkettierungen.

Keplersche Vermutung
Fülle eine Kiste mit gleichgroßen Kugeln, z. B. mit Orangen. Welche Möglichkeiten hast du? Mit welcher Stapelweise spart man am meisten Platz?

Berechnungen
Löse das Dritte Keplersche Gesetz nach T_1 bzw. a_1 auf. Berechne damit den Abstand Sonne/Mars, indem du annimmst, dass die Umlaufzeit der Erde um die Sonne 365 Tage beträgt, die des Mars 687 Tage und der Abstand Sonne/Erde 1 AE (= 1 astronomische Einheit).

Fassregel

Wir informieren uns über die Keplersche Fassregel und überlegen, wie man sie mit moderner Integralrechnung bestätigen kann.

Logarithmen

Wir informieren uns, wo Logarithmen verwendet werden, um Rechnungen zu vereinfachen. Wie funktioniert ein Rechenschieber? Wie funktionieren die Napierstäbchen?

Gravitationsgesetz

Wie lautet das Gravitationsgesetz von Newton? Warum hat es etwas mit dem Dritten Keplerschen Gesetz zu tun? Wir informieren uns, wie man das eine aus dem anderen ableiten kann.

Verwendete Quellen

1. Max Caspar: „Johannes Kepler", W. Kohlhammer Verlag, 3. Auflage, 1958 – Max Caspar ist der bedeutendste Keplerforscher des 20. Jahrhunderts. Seine Biografie geht nicht nur auf Keplers Leben, sondern auch ausführlich auf seine wissenschaftlichen Verdienste ein. Leider ist dieses Buch nur noch antiquarisch erhältlich. Die meisten Zitate wurden dieser Biografie entnommen. (Übersetzung aus dem Lateinischen: Max Caspar)
2. Thomas Posch: „Johannes Kepler – Die Entdeckung der Weltharmonie", Theiss Verlag, 2017 – Eine moderne Kepler-Biografie, die neuere Forschungsergebnisse berücksichtigt und besonders für naturwissenschaftliche Aspekte eine gute Ergänzung zu Max Caspar ist.

3. Carola Baumgardt: „Johannes Kepler – Leben und Briefe“, Limes Verlag, Wiesbaden, 1953 – Eine Auswahl von Briefen Keplers, die einen hervorragenden Einblick in seine Gedankenwelt geben. Mit einem Vorwort von Albert Einstein!
4. Johannes Kepler: „Der Traum, oder: Mond-Astronomie“, Matthes & Seitz, Berlin, 2011 – Eines der wenigen Werke Keplers, die in die deutsche Sprache übersetzt wurden.
5. Albrecht Fölsing: „Galileo Galilei – Prozeß ohne Ende“, Rowohlt Taschenbuch Verlag, 1996 – Spannend zu lesen, äußerst informativ – auch über das Verhältnis von Kepler zu Galilei.
6. Arthur Koestler: „Die Nachtwandler“, Alfred Scherz Verlag, 1959 – Geschichte der Astronomie mit einem ausführlichen Kapitel über Johannes Kepler.
7. Hans Wussing, Wolfgang Arnold: „Biographien bedeutender Mathematiker“, Aulis Verlag, Köln, 1989 – In diesem Mathematiker-Lexikon werden Kepler 15 Seiten gewidmet!
8. John Hudson Tiner: „Johannes Kepler, Giant of Faith and Science“, Mott Media, 1977 – Jugendroman mit vielen naturwissenschaftlichen Details, die in fiktiven Gesprächen präsentiert werden.
9. Jürgen Brück: „Drei große Sternenforscher“, Baumhaus Verlag, 2009 – Schön illustrierte Kurzbiografien von Kopernikus, Galilei und Kepler.
10. Gesammelte Werke: Ein Archiv mit digitalisierten Werken von Johannes Kepler ist auf der Homepage der Bayerischen Akademie der Wissenschaften zu finden: https://kepler.badw.de
11. Zu Keplers „Vom Schnee“: https://www.uni-regensburg.de/bibliothek/schnee/kristalliner-schnee/johannes-kepler/index.html
12. John Napier: „The Description of the Wonderful Canon of Logarithms“, übersetzt und kommentiert von Ian Bruce. http://www.17centurymaths.com/contents/napier/ademonstratiobookone.pdf

(Aus den aufgeführten Quellen stammen auch die im Buch verwendeten Zitate.)

Verzeichnis der Abbildungen

Abbildung 13: Schneekristall
https://commons.wikimedia.org/wiki/File:,Snow_crystal_with_broad_branches_78.jpg

Abbildung 14: Bienenwabe
https://commons.wikimedia.org/wiki/Category:Apis_mellifera_carnica#/media/File:Apis_mellifera_carnica_comb.jpg

Abbildung 15: Struktur mit Kreisen
Quelle: Matthias Mross

Abbildung 16: Struktur mit Fünfecken
Quelle: Matthias Mross

Abbildung 17: Vermessung eines Fasses
https://commons.wikimedia.org/wiki/File:Fotothek_df_tg_0003434_Rechenkunst_%5E_Mathematik_%5E_Vermessung_%5E_Fass.jpg

Abbildung 18: Hexenverbrennung
https://commons.wikimedia.org/w/index.php?curid=596910

Abbildung 19: Prager Fenstersturz
https://commons.wikimedia.org/wiki/Category:Defenestration_of_Prague_(1618)?uselang=de#/media/File:Prager_Fenstersturz_Wahrhafftige_Zeitung_aus_Prag.JPG

Abbildung 20: Szene aus dem Dreißigjährigen Krieg
https://commons.wikimedia.org/wiki/File:Hans_Ulrich_Franck_Der_geharnischte_Reiter.jpg

Abbildung 21: Illustration des Dritten Keplerschen Gesetzes
Quelle: Matthias Mross
Abbildung 22: Ulmer Metzen
https://www.uni-ulm.de/fileadmin/website_uni_ulm/nawi.inst.251/Didactics/elekleit/html/index021.html

Abbildung 23: Ausschnitt aus dem Frontispiz der Rudolfinischen Tafeln
https://commons.wikimedia.org/wiki/File:Tabulae_Rudolphinae_-_Frontispiece.png

Abbildung 24: Reiterbild Wallensteins
https://commons.wikimedia.org/wiki/File:Wallenstein_Reiterbild.JPG

Abbildung 25: Horrocks beobachtet den Venusdurchgang
https://commons.wikimedia.org/wiki/File:J._Horrock%27s_first_observing;_transit_of_Venus_Wellcome_M0004627.jpg

Abb. 26: Venusdurchgang
https://commons.wikimedia.org/wiki/File:Transit_of_Venus_from_Tennessee.JPG

Matthias Mross

Wer 1 und 1 zusammenzählt …

Geschichten aus der Welt der Zahlen und der Bibel

Begib dich auf eine spannende Reise in die Welt der Zahlen und der Rechenkünste! Wusstest du z. B., dass Raben zählen können? Und hast du eine Ahnung, was sich hinter der Zahl 153, die man auch in der Bibel findet, alles verbirgt? Und wie man sich mit Rechentricks jede Menge Arbeit sparen kann?

Denkanstöße, interessante Infos zu bekannten Zahlengenies, anschauliche Grafiken und jeweils ein Gebet am Ende machen diese kurzen Texte zu etwas ganz Besonderem!

Sie zeigen: Zahlen können uns auch etwas über Dinge sagen, die auf den ersten Blick nichts mit Mathematik zu tun haben!

Für Schüler ab der Unterstufe, zum individuellen Lesen, aber auch in der Gruppe geeignet.

Gb., 128 S., 15 × 22,6 cm

Best.-Nr. 271726

ISBN 978-3-86353-726-5